小学综合实践活动系列丛书

四川省第二批省级社会实践一流本科课程"小学综合实践活动设计与组织"项目成果

四川省应用型示范专业建设"小学教育"项目成果

内江师范学院2019年一流本科专业"小学教育"——"小学综合实践活动设计与组织"思政示范课程项目成果（课题编号：YLZY201904）

内江师范学院社会实践一流本科课程"小学综合实践活动设计与组织"项目成果（课题编号：JK202043）

博通文理
爱满天地

——内江市第十小学校特色办学之路

陈光元　李　雪　何　宇
税晓燕　刘东宇　张　婷　◎著

西南交通大学出版社
·成都·

图书在版编目（CIP）数据

博通文理　爱满天地：内江市第十小学校特色办学之路 / 陈光元等著. —成都：西南交通大学出版社，2021.5

ISBN 978-7-5643-8004-5

Ⅰ. ①博… Ⅱ. ①陈… Ⅲ. ①小学 – 办学经验 – 内江 Ⅳ. ①G629.287.13

中国版本图书馆 CIP 数据核字（2021）第 062791 号

Bo Tong Wenli　Ai Man Tiandi
—Neijiang Shi Di-shi Xiaoxuexiao Tese Banxue zhi Lu

博通文理　爱满天地
—— 内江市第十小学校特色办学之路

陈光元　李　雪　何　宇　　著
税晓燕　刘东宇　张　婷

责 任 编 辑	居碧娟
封 面 设 计	曹天擎
出 版 发 行	西南交通大学出版社 （四川省成都市金牛区二环路北一段 111 号 西南交通大学创新大厦 21 楼）
发行部电话	028-87600564　028-87600533
邮 政 编 码	610031
网　　　　址	http://www.xnjdcbs.com
印　　　　刷	四川煤田地质制图印刷厂
成 品 尺 寸	170 mm × 230 mm
印　　　　张	11.25
字　　　　数	205 千
版　　　　次	2021 年 5 月第 1 版
印　　　　次	2021 年 5 月第 1 次
书　　　　号	ISBN 978-7-5643-8004-5
定　　　　价	72.00 元

图书如有印装质量问题　本社负责退换
版权所有　盗版必究　举报电话：028-87600562

博爱十小
（代序）

内江市第十小学校简称内江十小或十小。"博通文理，爱满天地"是内江十小学校的办学理想，是学校"博爱"文化的总体框架。

一所好学校依靠的是卓越的学校文化，良好的学校文化会"润物细无声，随风潜入夜"。它是一种看不见的准则规定，是影响师生思想、态度和行为的潜在力量，可以激励和引领师生员工积极向上，能渗透到师生员工的内心深处，内化为师生员工的意识、情感和自觉行动。

2005年全国人大常委会原副委员长、中国红十字会会长彭珮云莅临学校，调研学校红会工作，高度评价了学校开展红会工作取得的成绩，并为学校亲笔题词："高举博爱大旗，共筑和谐校园"。因此，大爱，既是红十字会的精神，也是内江十小的品质。基于彭珮云副委员长的题词、红十字会的大爱精神和学校的大爱品质，在校园文化建设中致力践行彭珮云对学校的重托，科学定位学校文化，搜集学校历史资料，挖掘、提炼学校厚重的历史积淀、学校的办学思想、办学理念、办学目标、育人目标、"三风"、办学愿景，按大视野、大思维、大手笔、大创新、大实效的战略思路，根据学校实际，科学设计高标准建设，形成自己学校品牌和特色。提出了"博通文理，爱满天地"这一文化主题总体框架，科学定位学校文化办学理想：博通文理，爱满天地。办学目标（校训）：用才华点亮人生，用大爱创造品质；育人理念：以爱育爱以才养才；特色教育：科技、艺术、体育、大爱；总体目标：在先进的办学理念指导下，着力打造以物质文化为基础，用环境文化来熏陶人；以制度文化为支柱，用制度文化去约束、激励、规范人；以行为文化为目标，用行为文化去培植学校教育的团队文化、学习文化、班级文化；以精神文化为核心，用精神文化来引导人。

《国家中长期教育改革和发展规划纲要（2010—2020年）》指出，"树立以提高质量为核心的教育发展观，注重教育内涵发展，鼓励学校办出特色、办出水平，出名师，育英才"。校园文化是学校内涵发展的突破口，立德树人是内涵发展主体。本书阐述了内江十小学校以党的十九大精神为统领，全面加强党的建设，全面贯彻党的教育方针，全面落实《中小学德育工作指南》，坚持立德树人，培育和践行社会主义核心价值观，围绕"生长、生活、生态"的"三生"绿色德育，将"博通文理、爱满天地"的办学理论与实践紧密结合，注重学校文化建设，走内涵发展之路，以丰富多彩，形式多样的实践活动为载体，用大量的实践案例，展现了学校大力实施学校课程育人、文化育人、活动育人、实践育人、管理育人、协同育人"六大"育人路径，构建博爱、博学、博通、博雅的"博·爱"文化，形成了"一博六雅"的育人成果。如在"博"方面，让师生中西并举、古今融合、文理兼具、勤学多思、广读博览、融会贯通，培养学生"文理互通、学科互融、知识互补"的整合贯通式学习意识与能力，让学生成为"具有中国灵魂世界眼光的阳光少年"。说实话，十小很多学生的阅读能力是很强的，很多同学具有阅读的广度、厚度、深度、高度，全面发展得到了很好的落实，真正体现了"博学多才，慧养人生"。在"爱"的方面，让师生有爱的思想、爱的能力、爱的行为、爱的艺术，将大爱情怀的爱心育人作为教职员工的行为准则和信念追求，把"博爱"注入学校文化之中，进一步提高学校精神文化的层次。用爱心、诚心、细心、真心、耐心、恒心等六心与学生建立起真挚坦诚、互敬互爱、和谐交融的师生关系，教师成为学生学习上的严师、生活上的良师、思想上的导师，赢得了学生的信任和尊敬，促进了学生健康、和谐的发展。

  内江十小先后获得"全国未成年人思想道德先进单位""全国艺术教育先进单位"等国家级荣誉称号6项，"四川省文明校园""四川省艺术教育特色学校"等省级荣誉称号10项。近年来，学校在科技、艺术、体育方面获全国级奖27个、省级奖563个、市级奖497个。学校还多次承办省基础教育现场会，市、区学校文化建设经验交流会，学校文化被同行赞誉为"博爱"文化，学校也成为学生、家长、社会认同的"博爱"十小。

陈理宣

2021年3月

目 录

第一章 内江市第十小学校办学理论 //001
    第一节　内江市第十小学校办学理想　//001
    第二节　内江市第十小学校办学理念　//010

第二章 内江市第十小学校文化建设 //021
    第一节　学校文化建设的整体构想　//021
    第二节　学校文化建设的基本框架　//024
    第三节　校园文化布局　//050
    第四节　校园文化育人　//063

第三章 内江市第十小学校教育模式 //078
    第一节　"四个一"德育模式　//078
    第二节　"微教育"模式　//082
    第三节　"细教育"模式　//117

第四章 内江市第十小学校综合教育品牌与相关案例 //140
    第一节　社会主义核心价值观教育品牌与案例　//140
    第二节　"践行十爱"德耀甜城教育品牌与案例　//149
    第三节　综合实践品牌与案例　//153
    第四节　传统文化教育品牌与案例　//157
    第五节　机器人教育实践品牌与案例　//169

后　记 //173

第一章　内江市第十小学校办学理论

第一节　内江市第十小学校办学理想

内江市第十小学校（以下简称"内江十小"或"十小"）的办学理想是"博通文理，爱满天地"。这既是内江十小的办学理想，又是内江十小的校园文化的主题和灵魂。"博通文理，爱满天地"有着完整的理论框架，有着丰富的内涵。

一、提炼"博通文理，爱满天地"办学理想

"博通文理，爱满天地"是内江十小师生对数十年办学经验的总结和提炼，既源于内江十小的办学积累，又描绘了内江十小发展的蓝图。

（一）"文理互融、艺体领先"是十小沉淀的"博学"特色

内江十小多年来，先后被评为"全国艺术教育先进单位""四川省艺术特色学校""四川省青少年科技教育示范校""四川省青少年智能机器人活动实验学校""四川省体育传统项目示范校"等。学校还在智能机器人大赛、科技作品大赛、信息技术大赛、舞蹈节目大赛、传统体育项目大赛等比赛中取得了卓越成绩。

这些成绩突显了学校"文理互融"的办学特色和师生"广读博览、博学多才"的基本特点。或者说，如果没有学校"文理互融"的一贯追求，没有师生"广读博览、博学多才"的深厚底蕴，就难以在创新性和挑战性极强的多项比赛中脱颖而出、技压群雄，受到社会各界的高度赞扬。同时，学校在艺体方面取得的突出成绩，体现了学校对拓展学生发展领域的重视。

因此，学校"文理互融、艺体领先"的特点，彰显了学校发展和学生成长历程中的"博学"特色，基于对学校特色的上述理解，我们在文化主题中突显了"博"和"文理"这两个关键词。

（二）"人道公正、大爱奉献"是内江十小特有的"红会"品质

"红十字会"开展的丰富多彩的活动、所产生的社会影响和赋予师生的长远的教育意义是内江十小的又一特色。而这一特色书写着内江十小"爱满天地"的豪情与品质。学校于2002年10月成立了"内江十小红十字会"，现有红十字会小组42个，师生会员近3000人，是内江市成立最早、发展最快、规模最大的学校红十字会之一。学校红十字会自成立之日起，就秉承了"发扬人道主义精神，保护人的生命和健康，促进人类和平进步事业"的宗旨，始终坚持"人道、公正、中立、独立"等原则，弘扬和传播了"人道、博爱、奉献"的红十字会精神。

因此，内江十小红十字会和的红十字国际委员会一样，始终高扬着"人道公正、博爱奉献"的大旗，这种大爱精神充斥天地、维系社会、传承文明，书写着美好的世界和人生。内江十小红十字会"爱满天地"的豪情与精神，成就了"小公民道德体验活动"和"助残、济困、赈灾、无偿献血、对口资源"等一系列活动。据此，全国人大常委会原副委员长、中国红十字会会长彭珮云欣然题词："高举博爱大旗，共筑和谐校园。"因此，大爱，既是红十字会的精神，也是内江十小的品质。基于彭珮云副委员长的题词、红十字会的大爱精神和学校的大爱品质，我们提出了"爱满天地"这一文化主题。

（三）"和谐发展、全面提升"是内江十小不变的"博通"追求

博，广博，知道得多；通，通晓。博通，形容知识丰富。内江十小提出了"发展孩子，成就教师"的校训，并提出了"学会做人、学会学习、学会合作、学会健体、学会创造，能享受生活，人格健全，个性鲜明，具有中国灵魂、世界眼光的阳光少年"的培养目标。这一校训和培养目标，需要"十小"人具有"博通"追求。小学是人生的重要阶段，需要为将来打下全面发展的基础，只有"做人""学习""合作""健体""创造""个性""人格"等方面全面提升、和谐发展，才能为今后的人生

打下坚实的基础。但是，学生要实现上述诸方面的和谐发展与全面提升，必须中西并举、古今融合、文理兼具，必须勤学多思、广读博览、融会贯通。只有这样，学生才能实现生动活泼的发展目标，才能成为"具有中国灵魂、世界眼光的阳光少年"。正因为内江十小具有"博通"追求，学生的综合素质和学校的人才培养质量才会始终居于内江市前茅，2003届毕业生罗婷才能在2009年的高考中夺取内江市文科第一名的好成绩，内江六中等学校才会每年发来贺信，祝贺内江十小的毕业生在中考中取得优异成绩。基于学校的"博通"追求和"博通"教育取得的可喜成绩，我们在文化主题中彰显了"博通"这一关键词。

（四）"综合实践、博学融通"是内江十小肩负的"课改"使命

内江十小把全面实施素质教育作为自己的教育理念，很好地把握住了教育的本质和教育改革的基本趋势。但是，要在日常教育教学中全面实施素质教育，必须全方位落实新一轮课程改革的基本精神。新一轮课改的使命之一，是改变课程结构，改变学科间彼此隔离、互不融通的学科教学现状，增加综合实践课程和学科教学中的综合性学习，以此为突破口，培养学生"文理互通、学科互融、知识互补"的整合贯通式学习意识与能力，因此，新课改和素质教育关注一个"通"字。与此同时，新课改还关注一个"博"字，它要求学生走出课堂、走进社会；走出书本、走进生活；走出教材，走进书的世界；走出"死读书""读死书"的"呆子"状态，走进"书读活""读活书"的"能动"状态，社会、生活、书的世界是丰富多彩、极其广博的。因此，要真正落实新课改精神，必须抓住和体现这一个"博"字。同时，"博"必须与"通"相辅相成，才能引导学生将社会、生活和书籍贯通起来，才能真正实现"活读书""读活书"的目标。正是基于新课改的"博通"使命，我们在文化主题的确立上选择了"博通"这一关键词。

（五）"追求卓越、塑造品牌"是内江十小发展的准确定位

学校有着优良的办学传统和可喜的办学成就，内江十小要在已有成绩的基础上，随着硬件条件的全新发展，趁势而上，实现办学品质的新跨越，必须在秉承"追求卓越，敢为人先"的"十小精神"和"创十小

品牌，建一流名校"的"办学宗旨"的基础上，以更博大的胸怀、更宽广的视野、更高层次的追求，进一步梳理自身的发展特色，聚焦自身的发展理念，打造自身的品牌文化。正是基于这一思路，我们解读了学校的办学历史、办学业绩，聚焦了学校的发展亮点。我们认为，和省内外其他小学相比，内江十小的特色在"博爱"二字上。"博"字主要体现在学生的知识面广、学科融合、文理沟通等方面。正因为体现了这个"博"字，所以学生才呈现出全面发展、艺体领先、人文丰厚、科技突出的成长态势。"爱"字主要体现在对天地万物的关爱与奉献，没有爱，就没有内江十小红十字会的成长与壮大。"博爱"是内江十小的特色和品牌，为了进一步发掘学校的这一特色，打造学校的这一品牌，故将"博爱"二字拆开，以形成体现"十小"人卓越追求的"博通文理，爱满天地"的文化诉求，打造"博通文理，爱满天地"的文化品牌。在"博通文理，爱满天地"这一文化诉求语中，"博"与"爱"是关键，"通"是桥梁。没有"通"，学生就会"博而乱""博而杂""博而不通"；没有"通"，学生的"爱"将难以融汇在生活、社会与自身获得的知识中。"博"与"爱"将成为"两张皮"。"爱满天地"具有直冲云霄的豪情与大气，与"追求卓越"的学校品质相匹配，有利于建设学校"追求一流"的文化。基于对学校未来发展定位的理解，我们确立了"博通文理，爱满天地"的文化主题。

（六）"雅俗共赏，郎朗上口"是十小办学理想的表达诉求

学校文化主题要雅俗共赏、郎朗上口，才便于记忆、传播和形成品牌。"博通文理，爱满天地"，郎朗上口，音韵和谐，易懂易记，内涵丰富，且把"博爱教育""赏识教育"同彭珮云副委员长的题词、学校的特色、学校的办学追求、小学教育改革等联系了起来，有利于聚焦现有的办学理念，形成学校发展的文化品牌。

基于以上思考，内江十小形成了"博通文理，爱满天地"的集体智慧结晶。

二、"博通文理，爱满天地"的内涵

"博通文理，爱满天地"的内涵至少包括了以下六个方面的基本内容。

（一）广博知识基础

博通文理的基本含义之一就是知识广博，文理融通。知识广博是指知识面宽广，文理融通是指文理知识的相融、相辅、相成。

1. 提供广博的知识是学校的使命

学校是文教社会机构，具有储存、整理、改造和传播人类知识文化的功能。学校的主要任务是把人类知识文化高效地传递给下一代。因此，学校的灵魂是知识文化，没有了知识文化，就没有学校。

夸美纽斯说，教育"就是把一切事物教给一切人们的全部艺术"[1]。可见，广博的知识、融通的文理，是学校教育天然的气质。换而言之，教育，尤其是学校教育必须向学生提供广博的知识。这一方面要求学校教育应该为学生学习提供全面的、多样的、丰富的知识，另一方面要求教师具备广博的知识，因为教师作为学校教育的关键者，是"把一切事物教给一切人们"的行动者、实践者和操作者。俗话说得好，"要给学生一杯水，教师应有一桶水"。具备了较为广博的知识，教师才能站在知识学习规律、知识内在逻辑、传递知识文化的高度来认识知识、认识教育教学，才能恰当且信手拈来地把广博的知识以适当的形式、适当的方式传递给学生，并取得较好的效果。

2. 合理的知识结构是学生高质量发展的保证

学校教育以学生发展为最高目标。学生的知识结构、形态决定了学生生存和发展的状态与质量。因此，学生获得广博知识之后，还需要使这些知识形成合理的结构。

合理的知识结构的标准很多，从理论与实践的关系来说，合理的知识结构的重要标准是"理论联系实际"；从专业与职业的关系来说，合理的知识结构的重要标准是"职业岗位导向"；从知识与能力的关系来说，合理的知识结构的重要标准是"知识与能力有机统一"。针对当前学校教育中文理分科的现实，我们认为合理的知识结构是"文理融通"。

文、理是人们认识事物的两个视角，因此文理知识是天然相融的。

---

[1] 夸美纽斯. 大教学论[M]. 傅任敢，译. 北京：教育科学出版社，2014：1.

文、理分立是人为割裂认识事物视角的结果。文理分科方便了人们对事物认识的深化，但是由于这种深化是建立在割裂事物的基础上的，具有一定的限制。认识深化到一定程度之后，割裂将成为认识深化的障碍。就如盲人摸象，当摸到大象耳朵的盲人，越是精细、深刻地描述大象耳朵如何像一把扇子，他的认识就越远离真实的大象，他对大象本身的认识就越来越远。其实，盲人们对大象的认识过程、认识结果是相辅相成、相互促进的。因为当盲人把各自对大象的认识逐渐综合起来，盲人们对大象的认识过程和认识结果就渐趋合理。最后，盲人们就能形成对大象的完整且合理的认识。

在文理分科的今天，文理融通更显重要。文理融通既能为学生提供事物的完整知识，又能促进学生文理科知识学习的融会贯通，更能为学生全面认识事物提供方法论的训练。因此，文理融通的合理的知识结构能为学生高质量发展提供坚实的基础。

因此，我们努力在知识教学、道德教育、校园生活中，都体现或者实现文理融通，努力帮助学生建构以广博知识为基础的文理融通的知识结构，为学生幸福成长提供合理的知识结构保障。

（二）高尚品格基础

道德是人的社会属性的重要体现。所以孟子认为，道德是人和动物的根本区别，说"人之所以异于禽兽者几希；庶民去之，君子存之"。《左传》也说，"三不朽"中，"太上有立德，其次有立功，其次有立言"，指出培育高尚品德作为为人在世最高价值追求。古人的这些理解和认识，与中华文明对教育的理解是完全一致的。《说文解字》就把"育"解释为"养子使作善"。段玉裁注："育不从子，而从倒子者，正谓不善者可使作善也。"[1]因此，教育的主要使命之一就是"养子使作善"，引导和帮助学生成为善良、有道德的人。"不使作善"或者"使作恶"的活动则不能称为"教育"。[2]

西方的教育家也多有类似的认识。例如德国教育家赫尔巴特，瑞士教育家裴斯泰洛齐。他们都以"把培养学生成为道德的人"为教育的最

---

[1] 段玉裁. 说文解字注[M]. 上海：上海古籍出版社，1981：127、744.
[2] 林海亮. 正面教育论[M]. 北京：北京师范大学出版社，2011：136.

重要目的。赫尔巴特甚至说"德行是整个教育目的的代名词"①。

可见，道德是教育的天然气质，培养学生高尚品格是教育的基本任务。

对于"如何培养有道德的人"这个问题，见仁见智。我们认同瑞士著名教育家裴斯泰洛齐的要素主义观点。裴斯泰洛齐指出，爱是"所有纯真道德品质"的基础，道德从爱生发而来。②因此，爱是高尚人格的基础和重要组成部分。一个人不懂得爱、没有爱，就不可能拥有高尚人格。

爱，核心元素主要体现在对天地万物的关爱与奉献。关爱生命、珍视万物、珍爱生命、赞美生命、欣赏生命、思考生命、创造生命、爱护生态环境，与大自然和谐共处，呈现出爱满天地的成长态势。没有爱，就没有内江十小红十字会的成长与壮大。爱还体现在与社会主义核心价值观中的爱国，内江开展的爱党、爱国、爱内江、爱社会、爱自然、爱家庭、爱学习、爱劳动、爱健康、爱人生的"践行十爱 德耀甜城"融会贯通，一脉相承。

1. 爱党

对党忠诚，严守党的纪律，坚决维护党中央权威和集中统一领导，时刻同以习近平同志为核心的党中央保持高度一致；牢记党的宗旨，自觉践行党的群众路线，甘于奉献、吃苦在前、享受在后，主动深入基层、服务群众，先锋模范作用突出。

2. 爱国

拥有强烈的爱国情怀，模范践行社会主义核心价值观，以实际行动报效祖国，不怕艰难困苦，到祖国最需要的地方去建功立业，为社会主义建设贡献力量，成就突出。

3. 爱内江

心系内江、情牵内江，把个人的奋斗目标同幸福美丽内江建设紧密相连，主动为内江发展贡献智慧和力量，在内江各项事业的建设发展中

---

① 赫尔巴特. 普通教育学·教育学讲授纲要[M]. 李其龙，译. 北京：人民教育出版社，1989：193.
② 裴斯泰洛齐. 裴斯泰洛齐教育论著选[C]. 夏之莲，等，译. 北京：人民教育出版社，2001：446.

作出突出贡献。

4. 爱社会

遵纪守法，社会责任感强，乐于奉献，积极参加社会公益活动，在抢险救灾、见义勇为、帮助他人等方面表现突出，赢得群众赞誉。

5. 爱自然

践行绿色发展理念，崇尚自然，热心环保，积极组织、参与各类环保公益活动，影响带动作用大，为推动绿色生产生活方式成为社会风尚，特别是在推动内江沱江流域综合治理和绿色生态系统建设与保护中作出突出贡献。

6. 爱家庭

具有强烈的家庭责任感，注重家庭，家庭和睦、幸福文明；注重家教，传承美好道德观念；注重家风，把修身、齐家落到实处，切实在社会细胞建设工程——家庭美德建设中起到模范表率作用。

7. 爱学习

具有强烈的进取意识，勤于学习，善于钻研，勇于创新，拥有较高的学识水平和业务技能，在本职岗位上有重大发明创造成果或理论研究成果。

8. 爱劳动

具有崇高职业道德和敬业精神，干一行、爱一行、精一行，弘扬工匠精神，恪守职业规范，尽职尽责、默默奉献，办事公道、服务优质，赢得群众广泛好评。

9. 爱健康

积极倡导健康文明生活方式，注重身心健康，积极组织、参与各种有益于健康的公益活动，影响和带动公众养成健康生活习惯，为建设健康内江作出积极贡献。

10. 爱人生

拥有高尚的人生价值追求，感恩生命，热爱生活，勇敢面对困难挫折，自强不息，奋斗不止，不断完善自我、超越自我；将个人的人生价值实现融入社会理想的实现之中，以奉献社会、服务他人为乐，赢得群众赞誉。

我们提倡"爱满天下"，就是基于这种认识，让校园中的爱丰富起来，弥漫开来，以爱育爱，养育学生仁爱奉献、关爱万物、热爱生活、珍惜自我的爱，培养学生高尚品格，以高尚品格为他们自己的幸福人生打下坚实的基础，进而构筑人生厚度。

（三）厚实人文基础

在广博的知识和高尚品格基础之上，我们努力帮助学生打下厚实的人文基础。

《易经》认为："刚柔交错，天文也；文明以止，人文也。观乎天文，以察时变，观乎人文，以化成天下。"[1]可见，人文本质上是"处理人与自然、人与社会以及人与自身之间关系的事情"，"人文精神就是指人之为人的文化精神"，是"人自身和人的生活的价值属性"。"人文精神显然包括关于自然、社会以及人自身的知识性因素，但是从本质上来说它并不是一种知识"[2]，是基于这些知识性因素，在人的行为中体现出来的人的本质。

当今，人与自然、人与社会、人与自身的关系出现重重危机。

人与自然的关系陷入"破坏—报复—破坏"的恶性循环。科技的飞速发展，使人类"迷信"科学及工具理性，迷恋于征服大自然，结果却忘记了自己属于自然，因而不断受到大自然的惩罚。例如对环境无节制的污染、能源过度开采、林地过度开垦等。恩格斯在《自然辩证法》一书中，在谈及人类社会与自然界的关系时早有警示："我们不要过分陶醉于我们人类对自然界的胜利。对于每一次这样的胜利，自然界都会对我们进行报复。每一次胜利，起初确实取得了我们预期的结果，但是往后和再往后却发生完全不同的、出乎意料的影响，常常把最初的结果又消

---

[1] 郭彧译注. 周易[M]. 北京：中华书局，2006：117.
[2] 陆有铨. 关于学生人文精神的养育[J]. 教育学报，2005（05）：3-6.

除了"。①

人与社会的关系陷入互相工具化、互相异化的困境。科学技术的飞速发展，激发了人和社会对自然的控制欲和物质占有欲，人希望通过社会控制自然、占有物质，于是社会就成了人的工具。但是，社会又必须通过个体的具体行动才能实现自然控制和物质占有，于是人就成了社会的工具。

人若陷入物欲横流、丧失自我的困境，就会将关注焦点几乎全部集中在控制自然、占有物质上。因此，在物质文明极度丰富的同时，人对自身的认识却远远滞后，人的精神世界甚至出现"荒漠化"迹象。人对自身的价值、发展方向、生命状态等越来越迷茫，心理健康问题也越来越普遍。

面对现当代的社会问题，很多哲学家、教育家以及联合国教科文组织都开出了这样的方子：科学人文融合，树立与现当代社会相适应的新人文精神。②共识之下，新人文精神成为当代重要的主题。从个体生存和发展来看，新人文精神也是现代学生生存、发展的重要基础，关涉到学生的可持续发展和人生幸福。于是，学校教育培养人文精神、弘扬人文精神是人类应对当下生存困境与挑战的迫切需要。③

因此，我们在知识传授、品德培养的基础上，着力通过文理融合，培育学生新人文精神。

第二节　内江市第十小学校办学理念

要实现"博通文理，爱满天地"的办学理想，就需要有相应的能推动理想在新时代落地落实的办学理念。我们从认识论、学习态度、学习

---

① 马克思，恩格斯. 马克思恩格斯文集（第九卷）[C]. 北京：人民出版社，2009：559-560.
② 联合国教科文组织国际教育发展委员会. 学会生存：教育世界的今天和明天[M]. 华东师范大学比较教育研究所，译. 北京：教育科学出版社，1996：184-186.
③ 陆有铨. 关于学生人文精神的养育[J]. 教育学报，2005（05）：3-6.

方法、新时代要求等方面，结合我国传统文化核心元素，进行了全方位的考虑和研究，最终确定了"博学笃行，励志创新"的办学理念。

一、办学理念提炼

办学理念是从办学理想的精神核心出发，以理论为指导，推动办学理想落地落实的思路和观点。

（一）以新时代中国特色社会主义创新为办学理念明确指向

我国历来重视创新。从"创新是一个民族进步的灵魂，是一个国家兴旺发达的不竭动力"的提出，到创新驱动发展战略的落地，我国的创新发展之路彰显了中华民族为实现中国梦的励志进取、中国特色社会主义高质量发展的创新特征，以及创新在新时代中国特色社会主义现代化国家建设全局中的核心地位。

学校作为社会的重要组织机构，不仅需要承担起直接落实创新驱动发展战略的历史使命，还要承担起为落实创新驱动发展战略培养人才的历史责任、建设中国特色社会主义现代化国家的历史担当，以及中华民族伟大复兴的历史使命。这决定了我们的办学理念必须坚持创新这个指向。为此，我们凝炼了"励志创新"这个词。

（二）以马克思主义认识论为办学理念精神内核

办学理想的核心要义是学生的发展，学生发展的重要途径是学习。因此，办学理想的落地落实，主要体现在学生高质量的学习上。因此，办学理念必须以马克思主义认识论为指导。

马克思主义认识论认为，认识与实践是不可分割的，认识的过程就是"实践—认识—再实践—再认识"的循环往复以至无穷的运动过程。①

1. 马克思主义认识论认为实践是认识的动力

认识过程起源于人与周围世界的相互作用（实践）。一方面，实践使

---

① 肖前. 马克思主义哲学原理[M]. 北京：中国人民大学出版社，1994：543.

人们产生了认识的需要。为提高实践效率，人们需要深入认识世界。换言之，人们认识世界的最终目的是服务人的实践。另一方面，实践决定了人们关注和认识的对象。人实践的对象就是人们关注和认识的对象，没有人的实践对象，人关注和认识的对象也就不存在。

即使我们平时所说的"为学问而学问"，其学问的内容还是起源于实践，其学问还是要符合实践的逻辑，能有效指导实践才有生命力。完全脱离实践、与实践逻辑相违背的学问本质上是唯心主义的结果。

据此，我们坚持办学理念一定是指向实践的，教学质量一定是可以通过实践来体现的。为此，我们把办学理念的基本结构定位为"学—行"。

2. 马克思主义认识论指出，实践为认识提供物质条件

马克思主义哲学认为实践为认识提供了物质保证，"包括提供经验资料，提供科学研究所需的实验仪器和工具等"[①]。也就是说，前人所有实践的物质化成果都可以成为学生学习的条件和保证。

人类的进步，就是人们不断地站在巨人肩膀（前人发展成果的基础）上往上跳的结果。作为学生，首先要努力爬到巨人肩膀上。学校的作用就是把人类文化的精华高效地传递给学生，帮助学生迅速站上巨人的肩膀。

据此，我们认为学生的学习，就是充分吸收前人的实践成果，先博学而后守约。一方面，我们努力为学生提供丰富的学习资料和内容、动手操作的各种现代化的学习器材、仪器和工具；另一方面，我们也要求、引导和帮助学生尽可能地充分利用这些条件，尽情地拓展知识面，深化知识度。

3. 马克思主义认识论认为实践是认识的来源

"要认识某一对象的本质和规律，就只有亲身参加变革这一对象的实践，除此之外别无他途。"简单来说，就是"实践出真知"。[②]因此，所有

---

① 肖前.马克思主义哲学原理[M].北京：中国人民大学出版社，1994：518.

② 肖前.马克思主义哲学原理[M].北京：中国人民大学出版社，1994：519.

的知识都必然地源于实践。但是，源于实践的知识，有直接经验和间接经验两种形态。直接经验是个体在实践中直接获得的知识。间接经验是个体在知识载体或通过教育获得的由他人在实践中获得的知识。

人本身的局限性，决定了人不可能参与所有的实践，同时，人面对未知领域的实践决定了人需要提前掌握实践的相关知识。这导致了个人的绝大部分知识都不是直接经验，而是间接经验。这种情况在学校教育中尤为突出。

鉴于实践对个体认识事物本质和规律的重要性，在学习间接经验的基础上，学校教育应该适当围绕某些重难点知识点、学生的兴趣，组织学生开展实践，帮助学生在间接经验的引导下，更加深刻地认识事物的本质和规律。

因此，我们的办学理念基本要求是知行同重视，知行要合一。

4. 马克思主义认识论认为实践是检验认识真理性的唯一标准

认识是为实践服务的，因此，认识真理性的唯一检验标准就是实践。能有效提高实践实效的认识才是符合规律的，才具有真理性。

学校教育中，学生的认识起步于知识的学习。对于不同的学生而言，知识学习可能达到了以理性认识为主的层面，也可能停留在以感性认识为主的层面。无论哪种情况，通过知识学习所形成的认识，都必须回到实践，在实践中才能找到依托、找到动力、找到根，才能升华感性认识，深化理性认识。因此，学校教育的办学理念要符合学生认识发展的规律，把知识学习与实践紧密结合起来，在学生学习知识的过程中，充分体现知识学习与实践的密切关系和逻辑。

从马克思主义认识论，我们凝炼了"实践行动"这个词。

（三）以严谨治学为办学理念的核心之一

严谨的治学态度是学习质量的重要保证。严谨来自学生对知识（真理）的推崇和恳切追求、对学习活动的真诚。严谨表现为实事求是、扎扎实实的学习行动。因此，我们非常认同中华优秀传统文化的代表著作之一《礼记·中庸》的论述："博学之，审问之，慎思之，明辨之，笃行之。有弗学，学之弗能弗措也。有弗问，问之弗知弗措也；有弗思，思之弗得弗措也；有弗辨，辨之弗明弗措也；有弗行，行之弗笃弗措也。人一能之，己百之；人十能之，己千之。果能此道矣，虽愚必明，虽柔必强。"①

文化是民族的灵魂，中华优秀传统文化传承与发展是每个中国人的天职。学校肩负着中华优秀传统文化传承与发展的责任，因此，我们决定基于中华优秀传统文化来提炼办学理念。我们从《礼记·中庸》中凝练了"博学"和"笃行"这两个词。

二、办学理念的内涵

基于以上思路及凝练的词语，经过梳理和统筹考虑，我们把办学理念表述为"博学笃行，励志创新"。这八个字言简意赅。

（一）博学笃行

博学笃行，是对《礼记·中庸》"博学之，审问之，慎思之，明辨之，笃行之"的概括，取其首尾并非弃其他，而是意在简洁的基础上涵盖其他。因为从"博学之"到"笃行之"是层层递进、步步推进的关系，没有"审问之""慎思之""明辨之"，博学就无法到达笃行。这也是"程子曰'五者废其一，非学也'"、朱熹认为"学、问、思、辨，所以择善而为知，学而知也。笃行，所以固执而为仁，利而行也"②的重要原因。

1. 博学的内涵

从今天看来，博学笃行有更深刻的意义。"博学之"从字面上理解，是指广泛涉猎、博采众家之长。在今天的基础教育中，我们赋予博学更多意义和价值。现代社会是知识爆炸式增长的时代，是信息时代，人类生产的知识对于个体而言，无穷无尽。人在信息的大潮里、在知识世界中犹如沧海一粟。基础教育的使命悄然发生改变，基础教育不仅仅是要教给学生基础的知识，更要为学生的终身学习奠定基础的能力。学习能力包括学习兴趣、学习动力、学习方法、学习知识等。

---

① 王文锦. 礼记译解[M]. 北京：中华书局，2001：789.
② 朱熹. 四书章句集注[M]. 北京：中华书局，1983：31.

因此，在今天看来，博学的任务不仅仅是获得知识，还有更重要的是进一步激发学生的学习兴趣、保护学习好奇心，培养学生正确的知识价值观，培养学生信息收集处理的基本能力、学习策略运用能力。

（1）学习兴趣和好奇心是学习的原始动力。

兴趣和好奇心是个体注意力关注点的表现。没有了学习兴趣和好奇心，说明学生的注意力关注点不在学习上，学习就会停滞不前，学习效果就会无限趋于零。博学就成了不可能之事。而博学通过各种知识的相互碰撞、相互融合，以及新知识带来的新的视野，使学生的兴趣不断地被激发，好奇心保持高昂的状态，从而保持学习的动力。

要激发和保护学生的学习兴趣和好奇心，博学需要讲究"度"，否则将过犹不及，会扼杀学生的学习兴趣和好奇心。博学的度，在于博学是学生主动学习，主动完成新知识的内化。适度的博学，主要是指内容的量和质两个方面。适量的内容使学生避免处于疲于学习的状态，博学不会变成灌输。适质的学习内容能提高学生学习效率，能高效率地激发和保护学生的学习兴趣和好奇心。

（2）正确的知识价值观是学习的可持续能力。

知识价值是学生认识到的知识对自己的积极意义，是知识在被运用过程中所体现出来的、满足学生需要的积极功能与属性。知识价值观是学生在认识知识价值的基础上，形成的对知识的总体看法、根本观点。

知识价值观作为价值观的一种，具有较好的稳定性和持久性，能制约和支配个体学习动机，对个体行为有着很好的定向和调节作用。正确的知识价值观和态度，能帮助学生更好地发挥知识的作用，更好地满足学生的需要，进而强化学生的正确的知识价值观和学习动机，为学生提供可持续的学习动力。

如果说兴趣和好奇心为学生提供学习的原始动力，那么知识价值观为学生提供的则是学习的后天动力。后天动力需要学生通过学习获得。

知识价值观作为一种观念，不能独立存在，必定依附于知识本身、教师言行。反之，人们在探索知识、表述知识的时候，也必然地受到其知识价值观的影响，因此，没有知识和教育能脱离知识价值观而存在。所以，学生在学习知识的时候，也学到了知识价值观。

（3）信息收集和处理能力是学习的基本能力。

与传统社会不同，在信息社会里，信息更新速度快、内容良莠不齐、真假难辨。学生需要在众多信息中收集自己需要的知识，对知识进行去伪存真的处理之后，再加以内化或者使用。信息繁多，信息收集的手段多元化、信息化，学生必须掌握相应的信息收集能力，以快速、高效地收集到所需知识。信息良莠不齐，学生必须掌握相应的辨别、整理、管理的能力，才能提高学习效率和质量。信息收集和处理能力是信息时代里学习的基本能力。

如果没有学习基本能力，学生一旦离开教师和家长的指导，在纷繁复杂的信息海洋中就会一片茫然，不知所措，无法独立开展学习或者容易被错误信息误导。学习基本能力是学生后天习得的必备能力，也是现代社会中学生"博学"的重要内容。

（4）学习策略运用能力是学习的核心能力。

学习策略包括认知策略、元认知策略和资源管理策略三个方面，它是学生在学习活动中对学习规则、方法、技巧的有效组合及其调控方式，学习策略是否运用得当的重要衡量指标是学习质量和学习效率。因此，运用学习策略的能力也被用来判断个体的学习能力大小。换言之，学习策略的运用能力是个体学习能力的核心。

学习策略一般由学生自己选择和运用，但是，学生可以通过自身的学习体验、他人的学习经验、教师的教学策略等学习策略及其运用能力，或者改善自身的学习策略，提高自身学习策略运用能力。因此，学习策略及其运用能力也是学生"博学"的重要内容。

我们采取隐性课程与显性课程相互配合、课堂文化与校园文化相互补充、教材教学与课外阅读相互延伸的方式，把学生博学的主要内容呈现给学生。

2. 从博学到笃行

博学，强调的是学习涉猎面的广泛。但是，知识的丰富并不等于就能努力付诸实践，做到知行合一。从知到行，需要一个很重要的知识内化过程，这也是融会贯通，新旧知识之间建立"实质性和非人为性"意义联系，已有的知识结构对新知识的接纳、吸收并把新知识合并为自身的一部分的过程。这个过程也叫同化。

同化主要是个体内隐的思维过程。"思维是借助语言、表象或动作实现的对客观事物概括的和间接的认识"，"它能揭示事物的本质特征和内部联系,并主要表现在概念形成、问题解决和决策等活动中"。思维具有问题指向性,它"常常是由一定的问题情景引起的,并表现为试图解决这些问题"。①

"学且问,学需问"正是学问的要义和关键。学起于思,思源于疑。因此,学生在学习过程中的主动性主要表现为问题的提出和追问,而且,问题的品质决定了个体思维的品质,进而决定同化的质量和最终的学习效果。

学生问题的品质可以分为三个层次,这三个层次也体现了为学习深入的三个阶段。

第一个层次(阶段)是"审视"。审视是学生在简单对比新旧知识之间存在异同的基础上,进行深入对比异同并追问产生这些异同的原因。这是补充完善新知识、全面详细掌握新知识的阶段。

第二个层次(阶段)是"慎思"。在审问的基础上,学生还要利用已有的知识,通过自己的思维活动来仔细考察、分析,以实现对新知识的深化理解。

第三个层次(阶段)是"明辨"。在慎思的基础上,学生对新知识的真与伪、精华与糟粕进行有效的甄别,把真理与精华融入已有的知识结构中,并成为知识结构的重要组成成分。

只有经历了这三个阶段,新知识才能真正被同化,真正成为学生个体的知识,才能为学生所用。

为帮助学生顺利实现新知识的同化,在同化过程中,教育应该引导学生学会提问题,学会提高质量的问题;应该引导学生学会思考问题,培养学生高效的思维品质。

3. 笃行的内涵

笃行在马克思主义认识论中包含三层含义:

第一,知识应用,知行合一。知行合一是中华优秀传统文化的精髓。学生应该在合适的知识应用场景中,用学习得来的知识和思想指导实践,提高行动的效率。这是学习的根本目的。

---

① 彭聃龄. 普通心理学 [M]. 5 版. 北京:北京师范大学出版社,2019:254-255.

第二，检验知识，重构知识。实践是检验真理的唯一标准。知识的意义和价值只有在实践中才可能得到验证和充分彰显。因此，没有经过实践检验、纯粹来自思考的知识，尽管会被学生作为有意义的知识纳入知识结构，但是，新的知识结构还需要实践来加以进一步梳理和巩固。

第三，形成新的求知动力。在实践中，学生再次发现知识的不足，产生进一步学习的需求，推动新的学习进程。

笃行需要相应的实践场景，没有具体场景的实践是不可想象的。学生的实践场景可以分为两大类：一类是由教师提供的特定的场景，另一类是生活中真实的场景。这两类场景在当前的教育中都存在一些问题。

由教师提供的特定的场景，存在的主要问题是这类场景的不真实性。这种不真实主要是两个方面的原因：一方面，教师提供的特定场景主要是为了学生学习知识而非学生实践，因此，教师提供的特定场景遵从的是学科逻辑而非实践逻辑。现代教育中，学科知识逻辑与实践逻辑存在错位。[1]另一方面，教师提供的特定环境，尤其是学科知识学习的特定环境，更多地局限于学校范围，而非全社会范围。学校环境与社会环境存在天然的区别，有着本质的区别。换言之，教师提供的特定环境不是完全真实的实践环境。但是，学生学习知识的主要目的是适应社会，获得在社会中生存和发展的能力。学生需要的是真实的实践环境。

生活中真实的场景，存在的主要问题是不可控。生活真实场景不可控的主要原因有两个：第一，生活真实场景非常复杂。由于生活真实场景是开放式的，会受到任何一个参与因素的影响。而且，每个因素在真实场景中产生作用的方向、大小也是不确定的。因此，对于任何处于生活真实场景中的个体而言，生活真实场景极具复杂性及因复杂性而产生的不可控性。第二，生活真实场景具有综合性。生活真实场景中产生的任何一个问题都是极其综合的，仅凭某个学科的知识是无法解决的。它需要学生充分调动已有的知识和能力才能加以解决，甚至即使学生用尽全身解数也可能无法较好地加以解决。

因此，就教育的视角而言，教育需要为学生笃行提供合适的知识应用场景，并在生活真实场景与教育提供的特定场景之间做平衡和恰当的

---

[1] 李雪. 初中历史教材组织方式的反思[J]. 教育与教学研究, 2013(11): 107-109.

衔接。

（二）励志创新

励志，是指集中心思致力于某种事业。①心无旁骛，不为外物烦扰，专注于自身和事业发展。这是成才、成业的重要个人品质和基础。

创新，是指创造革新，即利用已存在的资源，运用新方法，创造新事物的一种手段。

创新是一个民族进步的灵魂，是引领发展的第一动力。"今天，我们比历史上任何时期都更接近中华民族伟大复兴的目标，比历史上任何时期都更有信心、有能力实现这个目标。而要实现这个目标，我们就必须坚定不移贯彻科教兴国战略和创新驱动发展战略，坚定不移走科技强国之路。"②可见，我们比历史上任何时候都更加需要科技创新。每一位公民都肩负着为中国社会经济的发展作出贡献的责任，因此，每一位公民都应该，也需要具备创新的知识和能力。因此，我们要把全社会创新能力的提升摆到更加突出的地位。这已经成为我国全社会的共识。

创新成为当前社会对其成员的基本要求，培养创新人才成为教育义不容辞的责任。基础教育作为创新人才成长的起点，在培养创新人才方面的重大作用和意义不言而喻。因此，创新人才培养要从娃娃抓起，我们提出要在博学笃行的基础上，培养学生励志创新。

博学笃行为学生励志创新奠定了优质的知识储备、打下了扎实的知识基础。但是，创新能力不仅限于此，它还包括了创新先天因素和后天品质。

个体创新的基本能力的基础是一些与生俱来的因素。这些因素至少包括了分辨能力、好奇心、想象力等。我们需要用教育对这些因素加以保护和养育，并鼓励和引导学生善用它们，为学生善用它们提供无束缚的环境。

因此，我们在教育教学中贯彻四点要求。

---

① 语出汉代班固的《白虎通·谏诤》："励志忘生，为君不避丧生。"
② 习近平.在中国科学院第十七次院士大会、中国工程院第十二次院士大会上的讲话（2014年6月9日）[M].北京：人民出版社，2014：3.

第一，培养学生的创新意识。在教育教学中，我们对学生的创新意识不断强化，让学生更真切感受到创新的重要性，以及他们身上肩负的创新的历史使命。使创新成为学生校园生活的常态。

第二，教会学生创新方法。创新方法是"应用一种或多种科学思维、科学方法、科学工具实现创新的技术"[①]。创新需要打破已有的某些束缚，但是并不是盲目地打破束缚，打破束缚也不是不讲方法、不要规范，更不是打破束缚了事。创新是用一种新的规范替代已有的规范或者填补某个规范空白。因此，创新需要讲究方法。

第三，鼓励学生创新。教育从某个意义来说，是使学生内化知识、道德、语言、思维、逻辑、社会规范的过程。教育的主要目的之一是提高学生创新能力，让学生通过创新来促进社会发展。因此，教育不仅要极力避免束缚和压制学生创新，不用所谓的"正确""标准答案""少数服从多数"来否定学生的创新，还要对那些有价值的创新加以肯定和鼓励。

第四，营造创新的校园氛围。著名的教育家陶行知先生说过："处处是创造之地时时是创造之时人人是创造之人。"创新及创新教育不仅限于课堂，它们弥漫于学生校园生活的每一个时刻、每一个角落。因此，创新能力的养育需要创新的校园氛围。这种氛围不仅仅体现在课堂教育教学中，还体现在校园文化的每个细节中，体现在融洽、民主的师生关系的点点滴滴中。

---

① 《创新方法应用能力等级规范》（GB/T 31769—2015）。

第二章　内江市第十小学校文化建设

第一节　学校文化建设的整体构想

根据内江市社会经济和城市发展对教育的整体要求，结合小学教育改革的整体趋势，综合内江十小的历史沿革、办学成就、灾后重建背景、硬件条件和未来发展定位等多方面因素，内江十小以办学理想为主题，开展了全面的学校文化建设。

我们把办学理想划分为价值体系、学校管理、教育实践、环境文化四个层面，在每个层面上，对学校文化进行系统设计，最终形成全方位、多层面的内江十小校园文化特色。

一、建设目标："四个体系、四种发展"

根据办学理想的内涵，我们在学校文化的系统设计中，力求实现内江十小"四个体系，四种发展"的文化建设目标。

（一）完善"博通文理，爱满天地"的价值体系，促进学校价值文化的发展

以"博通文理，爱满天地"为学校的教育理想和核心追求，对内江十小的办学理想、培养目标等进行系统设计，以进一步完善"内江十小"文化的价值体系。

（二）建构"博通文理，爱满天地"的管理体系，促进学校管理文化的发展

以"博通文理，爱满天地"为"内江十小"价值体系的基本追求，

建设师生学习与发展制度，高效而有活力的课堂教学促进制度，学校主题活动系列化推进制度，学生基本行为规范养成制度，学校环境开发、建设、使用与保护制度，现代学校管理制度，"绿色质量"评价制度等，以形成体现"博通文理，爱满天地"价值追求的管理体系。

（三）丰富"博通文理，爱满天地"的实践体系，促进学校实践文化的发展

以"博通文理，爱满天地"的价值体系和管理体系为基准，在校本课程、学生活动、网络平台、对外交流、课程改革、教师培训、德育阵地、课堂教学等方面建立系列化的活动平台与实施载体，促使"博通文理，爱满天地"的价值追求不断得到落实。

（四）打造"博通文理，爱满天地"的环境体系，促进学校环境文化的发展

以"博通文理，爱满天地"的价值追求为主线，立足现有的硬件条件，以"幸福教育"为特色，对校园环境进行系统设计和美饰，以提高校园环境的文化含量和育人功能。

二、文化特点："开放包容、现代精致"

根据办学理想及学校文化的建设任务、育人导向和要求，内江十小的文化建设将力求体现以下特点。

（一）开放与包容

文理兼具、学科融合、古今对接、中西并举的"博通"追求，要求内江十小以开放的心态建设学校文化，既要促进学生的文理并举和学科融合，也要有利于引导学生在古今对接、中西兼具中拓宽视野，还要有利于学生感悟家乡文化。为此，我们加强内江的历史文化、地域特色在校园中的渗透，实现校园文化和地域文化的有机结合，以引导师生解读内江文化，感悟内江精神，触摸内江灵魂，做好"十小"人，做好内江人，无论将来身在何处，无论将来地位如何，都会为内江骄傲、自豪。

为此，在校园文化环境的设计上，我们将以开放的心态，打破学校文化的封闭格局，加大文理、古今、中西、内江等的整合力度，以增加学校文化的厚度和宽度。

（二）温暖与活力

大爱是温暖的，成长是需要活力的。"博通文理，爱满天地"的学校文化建设，在色彩、材质选用，文化用语，景观造型等方面，要充分体现"温暖"与"活力"两个关键词，要给人温暖的感受，要能激发师生的发展活力，实现"温暖与活力"的有机结合。

（三）快乐与童真

根据小学生的接受特点和思维方式，在校园文化内容的展示和文化景观的色彩、线条、构图等多个方面，力求体现快乐基调与活泼灵动的特点，以突出校园文化的"金色童年"与童真童趣，把"内江十小"建设成具有文化含量的儿童乐园。

（四）典雅与现代

灾后重建的学校硬件具有现代化的特质，50多年的办学历史具有一定的文化积淀，学校的文化建设要综合这两方面的特点，在发展规划、实践活动、制度体系、价值取向、校园用语、环境建设的材料选择、色彩选用、基本风格等多个方面，体现典雅与现代化相结合的发展诉求，突出视觉效果和功能使用的厚重与现代。

（五）大气与精致

内江十小的办学成就与"博通文理，爱满天地"的豪情，需要大气的品性，但大道至简，体现大气特点的学校文化需要精致精巧。内江十小的文化建设，将以"博通文理，爱满天地"为基本切入点，凝练表达文化主题的基本内涵与特色，在景观设计、主题表达、主要内容等方面避免烦琐和堆砌现象，力求大气与精致的有机结合。

上述五个方面的特征，充分体现了内江十小"开放包容，现代精致"的学校文化诉求，有利于突显学校文化特色。

第二节　学校文化建设的基本框架

内江十小的学校文化建设始终围绕"博通文理，爱满天地"这一核心，建立以下四个体系。

一、"博通文理，爱满天地"的价值文化体系

（一）基本标识

1. 以"博通文理，爱满天地"为意象，设计学校的校徽及其他形象标识

内江十小校徽

校徽设计要素及简要说明：

（1）整个图形由"内"字和"10"字艺术变形而来，指明学校的地域所属及校名；

（2）飘带造型代表学校的人文艺术特色；

（3）五星造型代表学校的科学教育特色。

2. 以"博通文理，爱满天地"为内核，师生共同谱写校歌

十小之歌

1=C 4/4

2 2. 6 6	3 4 3 4 2 -	1 1 1 1 2 3 2 1
甜 城 之 心	美 丽 十 小	博通 文理的 摇
大 千 故 里	温 馨 十 小	爱满 天地的 乐

6 - - -	2 2 2 6 6	5 5 5 4 6 5.
篮	宽 广 的 操 场	明 亮 的 教 室
园	科 技 的 宝 地	艺 术 的 殿 堂

3. 3 3 4 5 5 0	5. 5 4 4 3 4	2 - - 2 2
这 里 阳光 灿 烂	这 里 笑 声 回	荡 这 是
这 里 文明 常 伴	这 里 个 性 张	扬

2. 3 4 3 3	2 2 #1 2 -	1 1 1 2 3. 3 3 2
我 们 飞 翔 的	美 好 地 方	幸福 欢乐 伴 着 我们

1 6. 6 -	5 5 6 ♭7 2	6 7 6 5 4 -
成 长	我 们 在 这 里	放 飞 梦 想

1. 3 3 4 5 5 5 5 4 3	2 - - - ‖	2. 3 3 4 5 5 5 5 4 3
我们 在 这里 快乐 飞	翔	我们 在 这里 快乐 飞

2 - - - ‖
翔

（二）价值体系

我们以"博通文理、爱满天地"的办学理想和"博学笃行，励志创新"的办学理念为价值体系的统领，建构了育人理念、人才愿景、校园风貌、特色教育等四个价值体系。

1. 育人理念：以才养才、以爱育爱

从"博·爱"出发，教育应该育学生的才、育学生的爱。同性相生，性质相同的事物相互孕育、相互滋养。只有懂得爱、知道如何去爱的教师，才能用其大爱情怀滋养学生的大爱品质；只有博学、灵动的教师才可能用才华点燃学生的智慧和灵性。

2. 人才愿景

（1）干部发展目标：博学修己、情理兼具。

学校干部是学校发展的掌舵者，是办学理想和办学理念落地落实的总指挥。在"博通文理，爱满天地"的文化引领下，我们要求学校干部逐步形成"学识广博、视野开阔，精研管理、修炼才能，情理并重、科学治校"的品质与能力。

（2）教师发展目标：诚毅创新、大爱育人。

教师是学校办学理想和办学理念落地落实的实际操作者、行动者，是学校最关键的支撑。在"博通文理，爱满天地"的文化引领下，我们要求教师逐步形成"忠诚教育、诚待学生，致力创新、持之以恒，润物无声、大爱育人"的品质与能力。

（3）学生发展目标：厚德力行、宏才益智。

学生是学校办学理想和办学理念的体现。在"博通文理，爱满天地"的文化引领下，我们把学生发展目标明确为形成"品德高尚、富有爱心，勤学乐学、知行合一，博学多才、增益智慧"的品质与能力。

（4）家长发展目标：同乐共育、互助互爱。

家庭教育是学生成长不可或缺的因素，与学校教育互为补充、互为延伸，家长是教师的紧密合作者。因此，家长的发展对学校办学理想和办学理念落地落实具有举足轻重的意义和作用。在"博通文理，爱满天地"的文化引领下，逐步形成"家校和谐、共育孩子、互相帮助、爱心育人"的品质与能力。

3. 校园风貌

（1）校训（校风）：用才华点亮人生、用大爱创造品质。

校训是一所学校的灵魂，是办学理想和办学理念的集中体现和具体要求，是学校文化追求和精神风貌的凝练，是校园文化的重要内容，是

师生共同遵守的行动原则。一方面，它是教师教育教学的行动要求；另一方面，它也是学生学习和发展的方向。

我们要求教师引导学生"博通文理"，要求学生用"博通文理"的才华点亮自己的人生道路；要求教师孕育学生"大爱天地"，要求学生用"大爱天地"的情怀铸就人生优良品质。

（2）学风：务本求真、崇学尚进。

学习是学校教育的本质特征，是学生的主要任务。学风则是学生学习的态度、方法的凝炼，是教师对学生学习的基本要求。学风具有弥漫性和传承性，因此，它可以通过全体师生的持久的学习行为逐步固化，影响新入学的学生，最终成为学校的传统和风格。

从办学理想和办学理念的本义，我们要求学生务博学之本，求大爱之真，崇尚学习，追求进步。

（3）教风：志存高远　精益求精。

教风是学校教师集体呈现出来的教学风气、风格、作风，是办学理想、办学理念在教师及教育教学行为中的集中体现。教学是学校的中心工作，教师是按照办学理想和办学理念的要求，根据教育规律实施学校中心工作的实践操作者。因此，教风应该具有合目的性和合规律性的特征。

根据办学理想和办学理念，我们要求教师胸怀建设现代化社会主义国家的大志，担当人民教师的时代责任，不懈追求；在全面实施创新驱动发展战略的新时代，在业务上秉承改革创新精神，对教育教学质量、对学生的发展和自身的发展精益求精。

4. 特色教育：博爱教育

特色教育是落实办学理想和办学理念的重要抓手。我们根据办学理想和办学理念的"博·爱"对原有的特色教育"赏识教育""艺术教育""科技教育""体育教育"进行高度概括。用"爱"概括以"赏识教育"为引领，涵盖艺术教育、科技教育和体育教育的道德教育特征、师生情感特征和师生对知识的情感特征。用"博"浓缩"艺术教育""科技教育"和"体育教育"的知识学习特征。

因此，我们坚持了"赏识教育""艺术教育""科技教育""体育教育"的特色教育定位，同时对它们进行了相应的改造。首先，我们要求在所有教育教学（尤其是赏识教育、艺术教育、科技教育、体育教育）中，要充分发挥其道德教育的作用，充分体现教师对学生的爱，充分培养学生对知识的爱。其次，我们要求在所有教育教学（尤其是赏识教育、艺术教育、科技教育、体育教育）中，充分体现办学理想和办学理念中"博学"的要求。

二、"博通文理，爱满天地"的管理文化体系

管理是实现办学理想和办学理念的重要行动之一，因此，管理文化与办学理想和办学理念是一脉相承的。管理规范是管理文化的重要载体。

我们在完善内江十小规范方面做了精细的工作。根据"博通文理，爱满天地"的文化主题和办学理想、人才愿景、校训、学风、教风等，在已有的学校管理规范的基础上，发扬民主精神，发动师生和家长全员参与，集思广益，完善了《内江市第十小学校中层干部考核规范》《内江市第十小学"学习型、服务型、创新型"教师队伍建设规范》《"内江十小"学生学习、生活、行为和评价规范》《"内江十小"校园管理规范》《"内江十小"课堂教学规范》《"内江十小"学生辅导规范》《"内江十小"德育工作规范》《内江市第十小学校家长学校制度》等规范。

这些制度的完善极大地推动办学理想和办学理念的落地落实。

管理文化体系成果展示 I

内江市第十小学校中层干部考核规范

一、考核内容

1. 认真学习、执行党的方针，提高思想认识，增强服务意识。
2. 遵守师德规范，言行堪为师生表率。
3. 热爱学校，关心集体，时刻关注师生安全。
4. 团结同志，相互合作，工作分工不分家。
5. 遵守制度，以身作则，在教师中起模范带头作用。
6. 对待工作积极主动，不拖三拉四，不敷衍了事。
7. 围绕学校中心工作，创造性地做好本职工作。
8. 工作中，要做到公平、公正、公开，自觉接受全校师生的监督。

9. 做好学校行政的参谋，听从分管校长的指挥，积极为学校工作出谋划策。

10. 主动承担突击性任务、不推诿、不敷衍，并按时保质完成。

11. 加强自身建设，注重理论学习和业务研究，努力提高自身素质。

12. 积极投身新课程改革，保质保量完成教学任务。

二、考核标准

1. 行政会议、政治学习无故缺席，工作中服务意识不强。（每次扣2分）

2. 师德行风建设执行不力，言行与身份不符。（每次扣3分）

3. 工作不到位，在本职工作范围内出现安全隐患的。（每次扣4分）

4. 工作中有踢皮球现象的。（每次扣2分）

5. 工作缺乏主动性或敷衍应付的。（酌情扣1~3分）

6. 工作因循守旧或不按时完成的。（酌情扣1~3分）

7. 工作中明显缺乏"三公"，师生反映情况属实的。（酌情扣2~4分）

8. 无正当理由拒绝分管校长指挥的。（每次扣2分）

9. 对临时性、突击性任务不接受或敷衍了事的。（酌情扣2~4分）

10. 对学校布置的学习和培训任务完成不好的，酌情扣分。

三、考核办法

1. 中层干部由校长室考核，校长为组长，副校长为成员。

2. 考核设基本分为50分，按照考核标准进行考核后，根据实际得分发放相应的考核奖。

3. 考核按月进行。

4. 学校行政拥有本考核条例的最终解释权。

管理文化体系成果展示 Ⅱ

内江市第十小学校"学习型、服务型、创新型"教师队伍建设规范

为认真贯彻党的十八大提出的关于"建设学习型、服务型、创新型的马克思主义执政党"的部署要求，进一步解放思想、提升境界，推动"两学一做""创先争优"活动常态化、长效化，全面提升党组织的创造力、凝聚力和战斗力，助推我校教育又好又快发展，加快实现"文明校

园"的创建标准，根据上级文件精神要求，决定在学校全体教师开展学习型、服务型、创新型"三型"组织创建活动。现制定如下规范：

一、指导思想

深入学习贯彻党的十八大、十九大精神为指导，紧紧围绕"文明校园"创建标准，开展学习型、服务型、创新型组织创建活动，充分发挥学校党组织和教师在推动学校发展、服务师生、凝聚人心、促进和谐中的作用，使全体教师进一步"提升境界、转变作风、提高能力"，为打造"文明校园"提供强有力的组织保障。

二、目标要求

通过开展学习型、服务型、创新型组织创建活动，使教师进一步"提升境界、转变作风、提高能力"。

（一）提升境界

一是提升思想境界。树立和强化大局意识——胸怀全局、准确定位，自觉服从维护大局和学校利益；树立和强化责任意识——恪尽职守、兢兢业业，切实增强工作责任感和紧迫感；树立和强化团结意识——凝心聚力、共谋发展，推动各项工作创新发展。

二是提升工作标准。开展"三比三争"活动——比学习争做高素质干部；比创新争得优秀工作业绩；比服务争树一流形象，打造一支思想过硬、全心服务、创先争优、作风优良的干部队伍。

（二）转变作风

一是加强师德建设，规范教学行为，规范言行，内塑修养、外树形象，令行禁止、言行一致，勤于自励、勇于奉献，提高党员教师的美誉度。

二是沉下心去，抓好服务。深入一线，联系师生，蹲下身子、调查研究，踏石留痕、抓铁有印，对一切负责的态度全力落实工作，提高教师的满意度。

三是奋勇争先，主动担当。抢抓机遇，急师生之所急，主动想工作、干工作，提升服务的主动性。

（三）增强能力

一是提高教育教学能力——做教育教学的标兵。

二是提高发展学校的能力——挖掘资源、注重调研、创新思路，做条线工作的行家里手。

三是提高服务师生的能力——以人为本，教师第一、学生第二，做师生的知心人。

三、工作内容

学校大兴"学习之风、服务之风、创新之风"，引导教师进一步增强发展意识、责任意识和担当意识，为实现"文明校园"的创建任务，贡献智慧和力量。

（一）全员学习、提升素质，建设学习型党组织

突出学习重点，拓宽教育渠道，落实好"三会一课"制度。按照"学习提能"的要求，采取党员自学、集中轮训、专题辅导、主题实践活动等形式，重点抓好以党的十八大精神、中国特色社会主义理论体系、社会主义核心价值观、党风廉政建设为主要内容的党性知识教育和新形势学校教育、法律法规、科学文化、业务技能为主要内容的岗位技能教育。

1. 坚持每月组织一次学校党员干部全面学习，每月一次的党员活动日，每季度一次的支部大会，准确领会党的十八大以来的精神。

2. 积极推荐党员干部参加学校"博爱"党课讲座活动，培养党员干部的说讲能力。

（二）转变作风、执政为民，建设服务型党组织

开展"深入一线知生情、心系教师惠民生"活动，访教师、访学生家庭、找问题、解矛盾、办实事，实现在一线倾听民声、在一线破解矛盾、在一线融洽感情、在一线塑造形象。

1. 学校支部委员带领分管科室开展调查研究，了解重点问题，掌握第一手资料，真心诚意为教师、学生提供服务和政策帮助。

2. 加大治理庸懒散浮拖问责力度，全面整治"庸、懒、散、浮、拖"。坚决纠正"庸、懒、散、浮、拖"和"怨、疲"以及"空、虚、假、奢"等作风顽症，坚决处理不作为、慢作为、乱作为等不良行为，以优良党风凝聚党心民心、以清新的政风优化学校发展环境。

3. 提高服务效能，强力推行"精、准、实、细、快"。做到能快则快、能简则简，精细管理，提高办事效率。坚决杜绝"三不办"：即不能办、明天再来办、研究后再办。

（三）解放思想、争创一流，建设创新型组织

紧紧围绕"创品牌、争先进、创一流"的工作目标，对思想观念、工作方法、工作机制、推进措施进行重新审视、定位，在深入研究讨论的基础上，提出创新目标，制定创新措施，全力抓好落实。

1. 坚持思想观念上创新。拓展思路，增强工作创新的主动性和自觉性。进行观念创新，敢于打破传统的思维定式，创造性地开展工作，着重在践行"博爱"建设上下功夫、做文章。

2. 坚持工作内容上创新。围绕为师生服务为目的，开展"创建先进党组织，争当优秀共产党员，让党满意、让人民群众满意"活动。

3. 坚持工作方法和机制上创新。围绕解决师生中的热点难点问题，切实发挥党组织的战斗堡垒和共产党员的先锋模范作用。研究和创新有利于学校跨越发展的党内民主机制、监督机制、管理机制，并应用于实践，提高管理水平，增强齐抓共管合力，形成创先争优生动局面。

四、总体要求

1. 强化领导，落实责任。支部书记是第一责任人，要高度重视、周密部署，组织学习、落实责任，明确要求、狠抓落实。

2. 加大宣传，营造氛围。充分利用学校微信公众平台、QQ群等宣传媒介，大力宣传优秀典型事迹、活动亮点，树立标杆，扩大正能量。

3. 加强督查，严格考核。活动领导小组和办公室采用定期和不定期相结合的方式，充分了解和调查对"三型"组织创建的意见，及时发现问题，及时整改完善，确保创建的实效性。

4. 全员参与，争优创先。全体教师要围绕学校的中心工作，冲锋在前，全身心投入，在活动中成长自己，成就学生，发展学校。

管理文化体系成果展示Ⅲ

内江市第十小学校家长学校制度

（一）目的要求

为了促进青少年身心健康成长，必须建立学校教育和家庭教育的联合体系，形成教育的网络，家长学校就是一个很好的形式。这就能促进学校、家庭、社会三者结合，协调教育，贯彻教育体制，加强社会主义

精神文明建设，培养有理想、有道德、有文化、有纪律的新一代，使受教育者成为新世纪的有用人才。

（二）家长学校任务

1. 学习宣传当前各项教育方针、政策，当前教育形势与任务。
2. 定期分析学生的思想、品德、心理、学习、生活中带有倾向性的问题。
3. 学习先进的教育理论，探讨家庭教育新的有效的方法，提高全社会对教育的重视和水平。

（三）家长学校办学形式

1. 采取"请进来、走出去，能者为师"的办法，教学上采用专题讲座、课堂讲授、座谈交流、现身说法等形式。

2. 上课形式

① 一般指导：向家长宣传当前的教育方针政策，提高他们执行教育方针和按教育原则教育子女的自觉性，把他们的认识逐步统一到这些教育方针政策上来，帮助他们找到正确教育子女的方法。

② 针对性指导：针对一定时期学校教育或家庭教育中存在某些具体问题进行分析，找出原因，分别提出学校教育和家庭教育应采取的教育措施。

③ 分类指导：针对不同年段不同类型的学生，对其家庭教育进行指导，分别要求具体帮助。

④ 以年段和班级为单位，定期召开全体家长上课。原则上每月一次，以定时为主。

分期初、期中和期末各上一次课。a. 期初向家长报告本学期工作计划，学校对学生要求，对家长的希望，总结上学期学生的成绩、表现、宣传教育法、学生典型发言等。b. 期中向家长汇报本期教育、教学、学生学习、表现等情况，结合个别家长介绍教育子女的好方法。c. 期末向家长汇报本学期教育工作情况，举办学生思想品行、学业成绩展览会，组织文艺演出、表扬三好学生、优秀学生干部等。

3. 其他配合家长学校附带教育形式。一是互访。包括教师家访和家长访问教师。家访时教师要求实事求是地介绍学生在校表现，在充分肯定成绩与进步基础上，指出不足，与家长共商教育的办法。家长也应积极向学校反映孩子在家庭中表现情况，主动取得学校指导和帮助。二是个别指导。对每个学生家庭教育作个别深入细致的指导，帮助分析学生情况、制定教育措施、总结经验教训。

（四）教学原则、内容和要求

1. 原则：注重实效，坚持短期、业务、贯彻理论联系实际，做到实际性与实用性相结合，使家长学有所得、学以致用。

2. 内容：主要讲授心理学、教育学、不同年龄段的孩子的心态特点、青少年良好的道德品质修养、家庭教育和重要性和教育方法等。

3. 要求：使家长掌握正确的教育理论和基本教育方法，有针对性地解决家庭中的一些实际问题，为子女健康成长创造良好的家庭社会环境，为培养四有新人做贡献。

（五）上课制度

家长学校上课做到有点名册、教师有教案、家长有课本、课前有书面通知，以做到好上课的准备。

管理文化体系成果展示Ⅳ

内江市第十小学校学生在校一日常规歌

我们都来争当"文明礼仪小使者"，快乐唱起《一日常规歌》。

我们信心百倍迎接崭新的一天！
十小人，习惯好，我们整洁进学校；
衣着齐，背书包，队员标志佩戴好；
一日之计，在于晨，早上时光把握牢；
升国旗，行队礼，你看校服多整齐；
唱国歌，要肃立，国旗下面志气高；
厚德力行信心足，我们永远爱祖国！

我们认真上课展风采！
到学校，有礼貌，见到老师问声好。
进教室，静悄悄，拿出书本快坐好；
尊敬老师爱同学，我们从小有礼貌！
专心听，认真想，积极发言大胆讲；
写作业，心要细，学习习惯就是好。

好好学习本领强，我们都是小博士！

我们课间有序炼身体！

广播操，眼保操，认真到位不浮躁。

不追逐，不打闹，课间游戏讲文明；

同学之间，讲友爱，互相帮助情谊深。

我们严格要求自己爱学校！

讲卫生，好习惯，纸屑果皮不乱抛；

节约水，节约电，人走水停灯关掉；

爱护书木和花草，校园环境多美好。

博通文理爱满天地，用才华点亮人生，用大爱创造品质！

三、"博通文理，爱满天地"的教育教学实践文化体系

（一）建设体现"博通文理，爱满天地"价值追求的校本课程

教学是学校的中心工作，校本课程是办学理想和办学理念的主要抓手。我们基于本校已有的办学特色，全力开发校本课程、编写校本课程的教材。

校本课程展示Ⅰ

"机器人创新教育"校本课程

机器人是一门综合性很强的学科，包含有机械设计，电子设计，软件工程、材料科学，以及仿生学等一系列基础学科。进入21世纪后，青少年机器人教育开始萌芽，以其生动趣味、动手参与、相互合作等特点，激发了青少年在电子信息、自动控制等高新科技领域的学习、探索、研究兴趣。2006年内江十小首次组织学生参加四川省青少年机器人竞赛，这成为十小机器人创新教育的起点，然后以点带面逐步实现机器人教育的普及。学校在组织管理、教学课程、师资培养、后勤保障方面予以完善，适应不断发展的机器人教育需要，形成了一套有十小特色的校本机器人创新教育课程体系。

  在机器人教学课程方面，学校依托信息技术学科课程，设置了机器人教育相关内容，让机器人教育进入信息技术课课堂，对全体学生开展了普及性教育，让每个孩子都能接受到机器人教育。结合课题"在信息技术课程中引入机器人平台开展创新教育及专题应用研究"，学校还组织信息技术组教师开发了校本课程，编写了校本教材《边玩边学机器人》。教材分"基础篇"和"应用篇"两个模块，安排上从易到难，从简单到复杂，环环相扣，层层深入，既有针对性，又有实效性，为我校的机器人教育的顺利开展打造了基础平台。2020年，学校刘东宇老师参与了四川省教科院组织的新版小学信息技术教材编写工作，负责编写机器人教育有关章节，为机器人教育的普及与推广作出了贡献。

  学校还创设了以机器人教育为主题的社团"内江十小博创社"，从学生中招募对机器人感兴趣的社团成员。社团成员利用社团活动时间参加丰富多彩的机器人教育活动，进行机器人知识的普及性教育。目前"博创社"已经成为孩子们最喜欢的社团。同时从中选择优秀学生组成专业比赛队伍，进行专项培训，组队参赛。

从 2006 年至 2020 年，学校连续 15 年参加各级各类机器人竞赛，取得了优异的成绩，共获国家级奖 20 项、省级奖 95 项。十小的机器人创新教育课程也成为孩子们展示自我的平台，让孩子们进入一个奇妙的科学世界，在这里探究未来，放飞梦想，茁壮成长。

校本课程展示Ⅱ

"博爱家园·红十字生命健康安全教育体验"校本课程

为了更好地普及生命健康安全知识，提高我校学生自救互救能力，2016 年年初，在市、区红十字会的帮助支持下，学校申报并实施了由国家彩票公益金支持的红十字生命健康安全教育体验项目，在实践研究中，形成了内江十小"博爱家园·生命健康安全教育体验"校本课程。我们专门编写了《小学应急救护读本》作为该课程的教材。

该课程分为两大部分，第一部分是"博爱家园·生命健康安全五大教育课程"，这部分主要是主题宣传、安全教育、亲子讲座、救护培训、应急演练，提高学校师生、家长、社区志愿者的防灾避险意识和自救互救意识。第二部分是"博爱家园·生命健康安全五大体验课程"，这部分主要是以"场景式+情景式"的教育方式进行教学，以红十字知识、应急救护、消防安全、交通、地震、意外伤害五大体验，结合小学生年龄特征，分年级段开展。体验室结合实际设定和制作了特色模块生命健康安全闯关答题区，模拟校园安全、交通安全、家庭安全、应急救护、地震、火灾等不同安全事件情景，通过多媒体播放视频、知识问答、闯关游戏、逃生演练等形式，使学生掌握个人安全防护知识和应急救护知识，掌握不同安全器材的使用方法，提高应急避险的意识和应急自救互救技能。

校本课程展示Ⅲ

"微广播"校本课程

广播站是学校进行宣传工作的一个重要窗口，是对学生进行德育教

育的一块重要阵地，也是加强校园文化建设的一项重要内容。一个好的校园广播站就是一座联系学校和学生的桥梁，也是一条团结全体同学感情的纽带。《微广播》教材按照校园新闻、佳作欣赏、校风专栏、学海导航、奇文共赏、生活小百科6个广播版块编写，以综合实践活动的形式开展教学。

（二）建设体现"博通文理，爱满天地"价值追求的学生主题活动和德育工作体系

没有德育的教学是不可想象的，没有教学的德育也同样是不可想象的。因此，我们除了以教学为主线开发了系列课程之外，还以德育为主线开发了系列校本课程。

校本课程展示Ⅳ

"仪式"校本课程

"仪式"校本课程使用《仪式课程》这一自编教材。该课程立足于学校与班级常见的仪式，分为常规仪式、成长仪式、节日仪式及完美教室仪式四大部分，详细介绍了20个仪式开展的指导案例。每个仪式从仪式解读、案例呈现及拓展链接等多个方面进行设计，将会对学校管理者、一线教师创造性地开展自己的校园仪式活动提供更多的启发和借鉴。学校希望通过仪式营造特殊的教育氛围，表达内隐的教育理念，将学校建设为一所诗意流淌、充满人文关怀的学校。

校本课程展示Ⅴ

"诚信教育"校本课程

诚信是中华民族传统美德的核心，是小学生基本的道德规范，也是他们实现人生价值的道德基石。"诚信教育"校本课程的开发是立足学校特色，为满足促进学校特色文化形成的需要而设。该课程使用自编教材

《诚信教育课程》。教材从诚实、守信、守法三方面提出了课程目标，构建了诚信校园建设、诚信学科教育、诚信保障机制、诚信教育活动等课程内容；探寻了以境育诚信、以理倡诚信、以行践诚信、以典导诚信、以悦悟诚信、以评养诚信等课程实施策略。

（三）建设体现"博通文理，爱满天地"价值追求的教师培养课程体系

教师是实施教育教学的关键。因此，教师的成长和培养也是不可忽视的。我们除了派教师参加国家、省市、区县的培养之外，对教师的校本培训也给予了高度重视。我们为教师校本培训建构了相应的课程体系，并编写了相应的教材。

校本课程展示Ⅵ

《心路》校本课程

《心路》立足于学校多名班主任的智慧，介绍了班主任应具备的行为素养，也阐述了班主任在管理班级过程中应注意的方法与技巧，以及怎样与学生、家长、各科教师互相了解和沟通，形成一种可行的教育模式，为学生，也为教育界贡献自己的智慧。

校本课程展示Ⅶ

《成长》校本课程

《成长》是立足于班会的校本课程，它是开展学生思想品德教育的一种有效形式和重要阵地，有计划地组织与开展班会活动是班主任教师的一项重要的工作。班会课是学生成长的有效载体，因而，从校本课程建设的角度去构思和丰富班会课的活动内容与组织形式，既有利于提高班会课的质量，又有利于丰富、优化校本课程的结构，进而促进学生的全面发展。

（四）建设体现"博通文理，爱满天地"价值追求的家长培养课程体系

家校共育既是家庭和学校双方的责任，也是重要的教育规律。因此，我们充分发挥家长学校的作用，利用家长学校的平台，开展了校本家长培训，提高了家长的教育水平和能力，也紧密了学校和家庭的关系，提高了家校共育的效率，为办学理想和办学理念的实现打下了牢固的基础。

校本课程展示Ⅷ

《家校携手 共育成长》校本课程

校本课程以《家校携手 共育成长》为教材，根据学校家长与学生的特点和基本状况，以及各类不同层次家长的育儿需求设置。让校本课程走进家长学校，走进家长的心灵。帮助家长树立正确的教育思想，改进

教育方法，提高家庭教育水平，使学校教育与家庭教育互为补充，形成合力，取得教育的最佳整体效能，培养出高素质的合格人才。

（五）建设体现"博通文理，爱满天地"价值追求的课堂教学策略和评价体系

课堂教学是办学理想和办学理念最直接、最有效的实践操作，直接决定了教育的成败。因此，课堂的基本规范尤其重要。为此，我们修订了教学常规管理基本规范。

教学管理制度展示

内江市第十小学校教学常规管理基本规范

一、严格按照国家颁布的课程计划（小学一、二年级 26 节、3～6 年级 30 节）课程标准开展教学工作，不得随意停开课程或减少课时。开齐开足音乐、体育、美术和综合实践活动等课程，并根据学校财力、物力尽可能满足必要的教学器材及场地。

二、严格执行教学"六认真"：认真备课，认真上课，认真设计、组织课堂训练和批改作业，认真辅导，认真组织复习和测试，认真总结和反思。

三、备课紧扣教材课标要求和学生实际，提倡教师集体备课，做到五备：备课标、备教材、备教法、备学生、备学法、备作业。

四、课堂教学要求

1. 教学目的明确，坚持因材施教的原则，既教书又育人，实施素质教育。

2. 重视基础知识教学和基本技能训练。夯实基础，抓住关键揭示重点内容，分散化解难点内容，具体分析对比疑点，培养技能，发展能力。

3. 教学内容深度和容量适当，教学思路清晰，教学结构合理。教师讲解科学准确、详略得当，知识梳理脉络清晰。教学方法科学、灵活，教学环节完整、层次清晰、层递性强。注重启发学生思维，让学生了解知识的内在联系，促进学生合理建构知识结构。

4. 发挥教师的主导作用和学生的主体作用，师生的双边活动得当，

做到精讲精练。既要体现教的过程，更要体现学的过程。要面向全体学生，兼顾个体差异，加强学法指导，引导学生围绕学习任务，运用自主、合作、探究等学习方式，主动参与教学过程，培养学生的创新意识和创新能力。

5. 拓展型与研究型课程的设置及其教学内容的选择要符合学校实际，并相对稳定，形成各自的特色。课程实施形式灵活多样，设计的教学问题具有思考和探究价值，利于思维的开发和能力的培养。

6. 营造良好的学习氛围，灵活合理地组织和调控课堂教学，正确处理预设与生成的关系，创设灵活的教学情境，营造民主、平等、互动、开放的学习氛围。充分发挥评价的激励功能，要用赏识的眼光看待学生，对学生的学习过程、方法和结果及时作出恰当的评价与总结。

7. 坚持用普通话授课，语言规范、精练、准确、生动、具有启发性。仪容整洁，教态自然、大方。课堂板书规范、科学、条理性强。

8. 课后及时总结教学成功经验，反思教学中的问题与不足，思考、研究解决问题的对策，促进自身的专业发展。

五、学生的课后作业内容要精选，难易要适度，数量要适当。习题要体现基础性、针对性、梯度性、思维性。对学生的课后作业，教师要及时、认真地批改，务求做到有发必收、有收必批、有批必纠、有纠必评。小学一、二年级不留书面家庭作业，其余年级书面家庭作业一般不超过1小时。

六、课外辅导要安排在学生自习或课外活动时间进行，不得妨碍其他学科教学。教师对学生的课外辅导要耐心细致，讲究方法，要面向全体学生，加强分类指导，不得借故加重学生的学习负担和经济负担。各班级不得占用学生休息时间（包括节假日、双休日、寒暑假）组织集体补课或上新课。

七、测评质量要求

1. 制定出符合课改精神、体现学校特色的检测方式。不出偏题、怪题。检测方式灵活多样，可采用口试、笔试、问卷、座谈和动手操作等多种方式灵活进行。可将期末检测与平时学习结合起来。

2. 认真搞好检测工作，保证其真实性，有效性。强化检测流程管理，落实命题研究、组织检测、流水阅卷、质量分析、反馈调控等环节的管理。控制次数，规范操作，保证质量，严肃考风考纪。单元教学效果检测，由任课教师组织进行；期中、期末检测由学校组织进行。

3. 对教学质量进行具体分析。每学期至少要分年级（学科）召开两次质量分析会（包括试卷分析、学生成绩分析、学生答题情况分析、教学改进策略、措施等）。教导处要对全校考试情况作出分析总结，提出意见，指导今后教学工作。学校统一保存各学科期中、期末、毕业考试成绩记录、试卷分析和样卷等。

4. 逐步建立起全面、科学、合理的，符合素质教育要求的教学评价体系。检测学生的成绩，采用等级的办法评定。不得以考试成绩排列班级、学生名次和作为评定教学质量的唯一标准，严禁学校和教师将检测成绩作为学生座次安排和布置作业量的依据。

5. 检测结果作为学校对教师年度考核的重要依据，但不得以考试成绩作为评价教师工作的唯一标准。

八、教学研究要求

1. 建立并完善以校为本的教学研究制度。通过学校各层面教研，解决教学实践中存在的问题，促进教师专业化水平不断提升，每学年学校集中开展一次"校本研修周"或"校本研修月活动"。

2. 定期开展教研活动。教研组集体活动每两周进行一至二次；教科室每学期至少组织一次全校性的"教学活动"，做到人人参与，形成合力。提倡各年级组、各教研组经常性地开展研讨活动，活动开展要做到时间、地点、内容、人员四落实，并及时总结，积极推广教研成果和成功经验。

3. 积极申报教学科研项目或研究课题，成立教学科研小组，专人负责，专项研究，定期开展研究活动，保证科研质量。

九、重视体育、卫生、艺术、科技教育。严格执行体育、卫生工作条例，认真组织开展小学生课外文体活动，切实保证学生每天一小时的体育活动，不得挤占、减少体育课和体育活动的时间。学校每年举办体育节或田径运动会。做好学生的心理、生理卫生健康教育，每学年对学生进行一次体质检查。音乐、美术课要从学科特点出发，发挥美育功能，培养学生的审美情趣，学校每学年举行一次艺术节。加强对学生的科技教育，提高学生的创新意识与创造能力。

十、提倡使用现代化教学手段。要充分发挥教学仪器、图书资料、电教设备的使用效益，合理选择使用实验器材、挂图、模型、计算机、网络等教学媒体，有机整合现代信息技术与学科教学。学校的图书阅览室、计算机房、电教室等定期向学生开放，并做到组织有序，操作规范，指导及时，确保安全。对学校网站、贴吧等进行引导并加强管理。

十一、学生使用的教材，必须经区教材领导小组审定，学校、教师不得违规统一组织学生购买目录范围以外的教辅资料。对学生自行购买的课外读物、学具等要加以引导。

十二、学校教学管理工作由校长负责，教导处、教科室具体组织实施。学校及教导处、教科室、教研组、年级组以及班主任、科任教师要以学期或学年度制定教学计划。对教师的备课、上课、批改作业、课外辅导、考评等教学环节进行全面细致的检查；教学检查每学期不少于两次，并及时通报检查结果；对教学管理和教学质量先进的集体和个人应予表彰与奖励。

十三、学校领导要按规定上足课、多听课。要到班级蹲点，加强对教学的具体指导，深入教研组活动每学月不少于2次。每期校长本校听课不少于20节，分管校长、教导主任、教科室主任本校听课不少于40节，其他干部和教师本校听课不少于20节，并有听课记录备查。

十四、学校要接受教育行政部门和教学业务指导部门的管理与指导。要配合教研部门组织的优秀教师示范教学、教学常态检查、质量监控和教学视导等工作。

十五、学校要按照教育行政部门规定的校历安排教学工作，加强作息时间管理，不得随意停课或早上延后上课、下午提前放学。若遇特殊情况必须停课的，报区教育行政部门批准备案。学校不得组织学生参加商业性的庆典、演出等活动，参加其他社会活动也不应影响教学秩序和学校正常工作。学校组织学生参加竞赛、评奖等活动，要遵照教育行政部门的有关规定执行。

（六）建设体现"博通文理，爱满天地"价值追求的学生主题活动和德育工作体系

主题活动是教学的特殊形式，德育与教学相辅相成，相互渗透、相互支撑，共同发挥育人作用。为此，我们以主题活动和德育为主线设计了相应的工作体系。

德育制度展示

内江市第十小学校德育工作制度

一、加强德育工作的领导，进一步完善德育工作的管理制度，提高德育工作的管理水平。

1. 进一步建立健全的学校德育工作体系。学校由一名校长全面负责德育工作，健全学校德育领导小组和德育管理制度。德育领导小组定期分析学生的政治思想和品德情况，制定德育的实施计划，协调学校各部门的德育工作。

2. 依靠办学各方面的力量，充分挖掘教育资源，形成家校合作和社会互相配合的教育网络。

3. 班主任是实施德育的直接组织者和领导者，学校应加强对班主任工作的指导和培训，组织他们学习德育理论，总结交流经验，发展科学研究。

4. 全体教职工都要坚持教书育人、管理育人、服务育人。学校应健全贯彻实施教育纲要的岗位责任制，对教职工提出明确的要求，并以此作为考核教职工工作成绩的重要标准。

5. 建立健全科学管理制度，形成有目标、有计划、有总结、有检查和评估的管理体系。

6. 加强德育科学研究工作，重视调查研究，开展德育科学的理论研究和应用研究。

二、按《小学生守则》《小学生日常行为规范》和"本校学生一日常规"，实施德育管理，完善德育管理制度，抓好学生思想品德教育和文明行为养成教育。

1. 制定学生一日生活常规，做到规范化、制度化。安排并督促教师做好课堂、课余的引导工作。

2. 指导少先队开展生动形象的教育活动，活跃校园生活。

3. 按课程计划、教学大纲和上级、学校有关规定，管理好"三会一课"（校会、早会、班队会、品德课）。

4. 指导、调控学生课余生活、校外生活（包括寒暑假生活）指导总辅导员组织春、秋游活动。

5. 抓好学生管理工作，做好后进生的教育转化工作，建立后进生转化档案。

6. 指导、督促年级组长、班主任按要求制定年级、班级教育计划，写好教育工作笔记。

7. 指导、督促各科老师做好课堂教学德育渗透工作并完成学校各阶段德育管理工作任务。

8. 定期召开小型学生座谈会或通过调查表，了解学生的思想动态，收集反馈各班教育信息，定期总结汇报。

三、指导德育研究

至少每月召开一次班主任、辅导员会议，交流德育工作经验。

四、创设校园德育宣传气氛

指导大队辅导员和有关老师协同后勤人员管理好下列各项德育宣传阵地：升旗台、板报、万花筒、宣传画廊、宣传板、标语、横幅及年级、班级的板报、学习园地、评比专栏等。

五、开辟联络校外德育基地，发挥校外教育力量的作用，共建文明学校。

有计划地开展参观、访问、远足、社会实践活动，扩大德育空间，培养学生多方面的才干。

六、按学校档案管理的要求，认真收集完善德育资料的存档工作。

为加强学校德育工作，使全校精神文明建设水平不断提高，特拟定学校德育考核制度，望全体师生遵照执行：

1. 在学校党支部的统一部署下，建立校长及教导处为主的德育管理体制，建立德育工作领导小组，定期研究学校德育工作。

2. 加强教职工道德教育，以《中小学教师行为规范》为本，制定、完善有关制度和政策，落实全员教书育人，服务育人，管理育人。

3. 健全德育教育队伍，学校党支部、校长、工会、少先大队部和班主任等要制定德育工作任务，有落实，有总结。

4. 学校要协助大队部建设好《小学生日常行为规范》的训练、检查等系列制度，以期不断地形成良好的校风校纪。

5. 班主任老师要认真上好班队会课，做到班队工作有计划、有落实、有总结、有交流。分管班主任工作的领导要定期召开德育工作会议，定期检查班队建设、《班主任工作记录》，并有记录，入档。

6. 各学科任课教师开学初要制定"学科渗透德育教育"的计划，在教学过程中加以实施，学期结束要有总结。

7. 学校规定各任课教师要制定好"后进生帮教计划"，要有帮教措施，学校分管领导要定期检查帮教结果。任何教师不得歧视、体罚或变相体罚学生，如有此现象，学校及时指出，严重者将追究责任，年终考核不得评为合格。

8. 根据市县教育局文件精神，严格规范办学行为，提倡无私奉献，教师不得搞有偿家教。

9. 学校分管领导要重视校园文化、美化、绿化、净化工作的建设，定期检查，向德育领导小组汇报。

10. 学校德育领导小组的工作计划要积极开展以爱国主义为核心的"五爱"教育活动，定期对学生进行普法教育活动，并做到检查、落实、记载入档。

11. 要发挥家长学校委员会及警民共建部门的德育作用，做到有计划、有目标、有落实，通过积极开展活动，加强学校的德育教育工作。

12. 学校对教育工作开展的经费，本着节约原则，予以全力支持。

四、"博通文理，爱满天地"的环境文化体系

以"博通文理，爱满天地"价值体系为依托，以"开放与包容""温暖与活力""快乐与童真""思维与现代""大气与精致"等为基本追求，整体规划和建设校园文化。这部分的内容会在下两节做详细介绍。

第三节 校园文化布局

校园文化是办学理念的依托，也是办学理念落地落实的物质基础。为此，我们精心设计和打造了内江十小校园文化。

校园环境文化总体布局是"一门、两路、两苑、五厅、四层"。

"一门"是指校门，"两路"是指模范路、昕乐路，"两苑"是指博慧苑、爱生苑，"五厅"是指博爱厅、体育厅、科技厅、艺术厅和阅读厅，"四层"是指四个教学楼层。

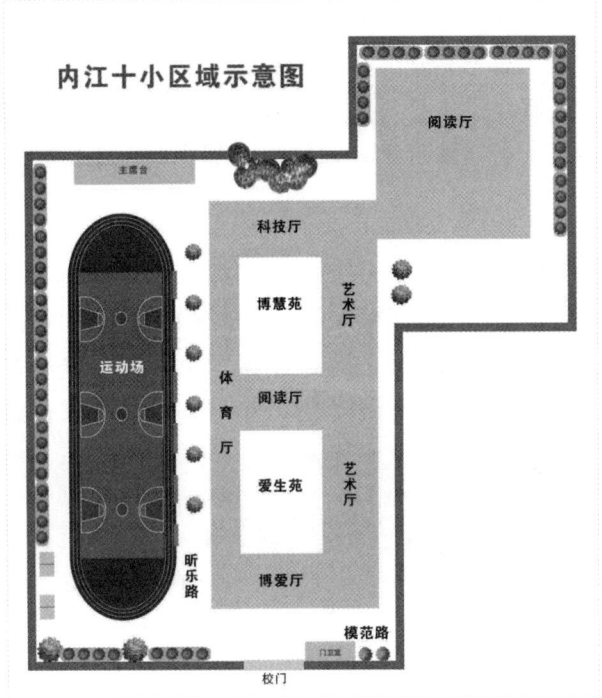

综合教学楼

一、校门文化

（一）设计思路

用典雅、现代、大气的风格设计，中间展示校名，左边展示"十小"的办学成就，右边用文化石展示新建学校的修建背景。

（二）主要内容

1. 校门中间

邱笑秋[①]先生书写的内江十小校名。

[①] 邱笑秋，内江人，国家一级美术师、著名国画家、彩墨画大师，香格里拉画派的创始人，享有"邱九寨""中国巨型山水画家""中国画坛巨匠"等称号。

正校门前面的地面有一个大拇指标志,告诉学生"你真棒",这是学校一直提倡的赏识教育,让学生信心百倍地迎接每一天。大拇指标志的上方有"礼让、有序、安全"的温馨提示,提醒学生在校门口只有做到了礼让,不拥挤,有序地进出,才能保证安全。这是学校文明礼仪教育的一部分。

2. 校门左边

设置"卓行栏",展示内江十小获得的各种奖牌。"卓行"是"博通文理,爱满天地"的具体体现,此处设置"卓行栏",既有利于突出学校文化主题和办学理想,也有利于在显眼位置向社会和家长展示"十小"成就。

卓行栏下边是甘光地①老师创作的《新华小子赋》。"小子"是对学生的昵称,亲切的称赞。"新华"既寓意新中华,也指新华路。因为学校坐落在市中区新华路318号,因此,"新华小子"就是指学校学生。

3. 校门右边

用文化石展示了学校的办学理想"博通文理,爱满天地",右边是"博通文理,爱满天地"的基本内涵。

文化石的右边是传承,书写学校的光荣历史和发展方向。

二、两路文化

(一)昕乐路

1. 昕乐路主题

昕乐路的主题是"如日初升·快乐成长"。昕,本义为黎明。《说文》:"昕,旦明日将出也。"后意指明亮。昕乐,光明快乐。此处命名"昕乐路",既有小学生是八九点钟的太阳之意,也有学校如旭日初升、将大放

---

① 甘光地,生于1942年,内江市市中区教师进修学校高级教师,中国诗词文化研究所研究员,内江市诗词楹联学会副会长。主要作品有《内江十二景新咏》《内江赋》等。

光彩之义，更与"博通文理，爱满天地"的文化主题照应，因为旭日东升、快乐成长，既是"博通文理"的目的，也是"爱满天地"的追求。

2. 设计思路

这是进校门后运动场与教学楼之间的大道，是师生经过最多的地方，是对外展示和师生了解学校动态的重要窗口，所以在本条路上靠近教学楼的花台内设置各种专栏，以全面介绍学校、师生的发展情况。

3. 主要内容

（1）用一块大石头展示本条路的主题。

"如日初升·快乐成长"。

（2）设置各种专栏。

设置"关爱栏"，展示各级领导和专家对学校的指导和关爱。

设置"师爱栏"，展示教师誓词、干部全家福、教师全家福、优秀教师、教师常规等内容。

设置"乐生栏"，展示学生快乐成长的常规履行情况。

设置"博爱栏"，展示学校的精彩活动或重要通知，可随时更换内容。

设置"五旗一徽"栏，展示中华人民共和国国旗、中国共产党党旗、中国共产主义青年团团旗、中国人民解放军军旗、中国少年先锋队队旗，中华人民共和国国徽。

（二）模范路

1. 模范路主题

"家乡楷模·博爱典范"。

2. 设计思路

展示内江市"博通文理，爱满天地"的典范，为学生成长树立身边榜样。这些典范包括十小教师、同学、内江杰出人物等。从近到远，远近相衬；从今到古，古今交织。既体现内江的深厚底蕴，也关照师生的现实发展，更为师生树立"博通文理，爱满天地"的榜样。

3. 主要内容

（1）用一块大石头本条路的主题。

"家乡楷模·博爱典范"。

（2）展示内江名人代表。

这些名人代表主要有：苌弘①、王褒②、赵贞吉③、骆成骧④、张大千⑤、余燮阳⑥、范长江⑦、范江第⑧、唐琳⑨、巫丹⑩、李新⑪、刘晓梅⑫、邱笑秋、王锡仁⑬刘园园⑭、邓家佳⑮、刀郎⑯。

---

① 苌弘（前575—前492），古资中县人，孔子的老师，博学多才，知天文地理，精星象音律。

② 王褒（？—前61），汉犍为郡资中（今四川资阳）人，字子渊，汉代文学家。

③ 赵贞吉（1507—1576），号大洲，内江桐梓坝人。明朝礼部尚书、文渊阁大学士。生前与杨升阉、任少海、熊南沙并称"蜀中四大家"，遗著有《赵文肃公诗文集》。

④ 骆成骧（1865—1926）字公绣，四川资中县人，清末状元、著名的"五老七贤"之一。1895年经殿试为清代四川唯一的状元，1906年赴日本考察宪政，1912年任四川高等学校（四川大学前身）校长，1922年任四川大学筹备处处长。有诗文集《清漪楼遗稿》行世。

⑤ 张大千（1899—1983），内江人，国画大师，原名正权，又名爱、季爱，字大千，别号"大千居士"，画室名"大风堂"。

⑥ 余燮阳（1887—1943）字哲徽，四川内江人。著名书法家。民国时期，他与公孙长子、陈鸣鸾、梅鹤年被世人称为"内江四大书家"。其子余农治得其真传，亦成为内江当代书法名家。

⑦ 范长江（1909—1970），原名希天，我国杰出的新闻记者。

⑧ 范江第，著名超导专家，2001年诺贝尔物理学奖候选人。

⑨ 唐琳，2000年悉尼奥运会女子柔道78公斤级冠军。

⑩ 巫丹，世界排球冠军。

⑪ 李新，国际桥牌大师。

⑫ 刘晓梅，在一系列全国少年田径赛、中日少年田径对抗赛上，数次获得女子100米和200米冠军，荣获"亚洲女飞人"称号。在2001年九运会上，刘晓梅与队友奋力拼搏，一举夺得女子"4×100米"金牌，并获女子短跑两枚银牌。

⑬ 王锡仁，著名作曲家。

⑭ 刘园园，著名演员。

⑮ 邓家佳，著名演员。

⑯ 刀郎，著名歌手。

三、两苑文化

"两苑"是指教学楼内的两个小苑,分别命名为"爱生苑"和"博慧苑"。

(一)爱生苑

1. 爱生苑主题

"热爱生命,珍视万物"。

2. 主要内容

以山水点缀小苑,以创造生命、思考生命、珍爱生命、赞美生命为内容,体现珍爱生命、珍视万物的主题。

（二）博慧苑

1. 博慧苑主题

"博学广才，慧养人生"。

2. 主要内容

（1）《博慧之星》雕塑及其介绍。

作品以学校科技、艺术特色教育为创意源，集中体现"博通文理"的文化内涵，激励学生勤于思考、智慧做事，引导学生在思考中增长智慧，在智慧的提升中"博通文理"。

（2）涂鸦墙。

这是展示学生才华、由学生自由涂鸦和张贴的场所，每周由值周班级负责管理，展示学生博爱的情怀、博学的智慧、博通的能力、博雅的气质。这不仅丰富了学生的个性，还避免了学生到其他地方乱涂乱画。

四、五厅文化

教学楼底楼有五个全部镂空的较大的空间，称为"五厅"。五厅从空间布局来看，正好形成"日"字形，即"日"字的三横两竖。由于这五个大厅是师生经常停留之地，故把它们打造成为文化大厅，主要呈现学校的价值文化体系和艺体教育、体育教育、科技教育等特色，以展示学校"博通文理，爱满天地"的文化主题与办学成就。根据文化主题，"五厅"分别被命名为"博爱厅""体育厅""科技厅""艺术厅""阅读厅"。

（一）博爱厅

博爱厅与学校大门正对，是进校门后的第一个较大的空间。

1. 博爱厅主题

"博通文理，爱满天地"。

2. 设计思路

这里作为学校的窗口，整体展示了学校的精神文化。

3. 主要内容

办学理想、办学理念、人才愿景、育人理念、学校风貌、校训（校风）、学风、教风、特色教育。

（二）体育厅

体育厅临近运动场。

1. 体育厅主题

体育厅主题是"有健康即有希望，有希望即有一切"。这个主题来自阿拉伯谚语。

2. 设计思路

由于此处邻近运动场，因此以"体育教育"为主题，在展示学校体育特色与成就的同时，引导师生学会运动、强健体魄。

3. 主要内容

（1）学校体育成就与锻炼要求。

介绍学校体育运动项目取得的主要成绩；展示在体育运动项目中获奖的师生；介绍学校体育课程的设置及师生进行体育运动的相关要求。

（2）中国十大传统体育项目。

中国十大传统体育项目包括武术、摔跤、舞狮、射箭、龙舟、空竹、马球、捶丸、蹴鞠、棋术。

（3）穿插有关运动的名言或谚语。

幸福的首要条件在于健康。——柯蒂斯

健康便是幸福。（英国）

健康与才智，为人生两大幸福。（希腊）

（三）科技厅

科技厅是最里面的空间。

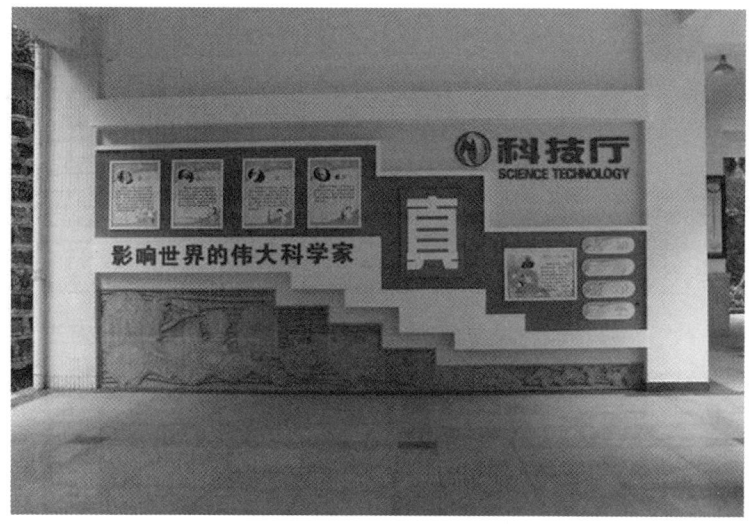

1. 科技厅主题

科技厅的主题是"科学技术是第一生产力"。

2. 设计思路

展示学校的科技教育成就、学生的科技作品和科技教育的相关要求，在突显学校科技教育特色的同时，引导学生热爱科学、学会创造。

3. 主要内容

（1）设置"科技风采栏"。

介绍学校在各年度科技比赛项目中取得的成绩、获得的奖牌，可适当配以学生参加科技比赛的图片。

（2）设置"科技之星栏"。

展示在科技比赛项目中获奖的师生。

（3）设置"优秀作品栏"。

展示学生每一届科技节的优秀作品。

（4）设置"科技教育栏"。

介绍学校科技教育课程的设置及师生进行科技活动的相关要求。

（5）穿插有关科技、科学的名言。

感谢科学，它不仅使生命充满快乐和欢欣，并且给生活以支柱和自尊心。——巴甫洛夫

科学的幻想归根结底是科学和技术的大胆创造。——费定

科学的目的不在于为无穷的智慧打开大门，而是在无穷的谬误前面划一条界线。——布莱希特

（四）艺术厅

艺术厅位于教学楼右边底楼。

1. 艺术厅主题

"艺术乃德行的宝库"。

2. 设计思路

展示学校的艺术教育成就、学生的艺术作品和艺术教育的相关要求，在突显学校艺术教育特色的同时，引导学生热爱艺术、全面发展。

3. 主要内容

（1）设置"艺术风采栏"。

介绍学校在各年度艺术比赛项目中取得的成绩、获得的奖牌，可适当配以学生参加艺术项目比赛的图片。

（2）设置"艺术之星栏"。

展示在各级各项艺术比赛项目中获奖的师生。

（3）设置"优秀作品栏"。

展示学生优秀的艺术作品。

（4）设置"艺术教育栏"。

介绍学校艺术教育课程的设置及师生从事艺术活动的相关要求。

（5）穿插有关艺术的名言。

艺术是高尚情操的宣泄。——穆尔

艺术使自然更完美。——雷诺兹

艺术应当担负起哺育思想的责任。——白朗宁

（五）阅读厅

阅读厅位于"两苑"之间。后来因阅读厅使用频率高，学生聚集人数多，在综合楼大厅处拓展了阅读厅第二空间。

1. 阅读厅主题

"腹有诗书气自华,读书万卷始通神"。

2. 设计思路

阅读厅应成为一个开放式图书馆。

3. 主要内容

(1)书架和阅读座椅。

在墙边和柱子边,制作书架和阅读时可以坐的椅子。

(2)笑脸墙。

阅读大厅的墙壁被称为"笑脸墙",每学期,全校范围征集最阳光的笑脸,贴在笑脸墙,把快乐传递给每一位爱阅读的学生。

五、四层文化

四层是指四层教学楼。五栋教学楼拼连成"日"字,各层相连互通。

由于教学楼成"日"字形,且各层连为一体,故拉通设计,以通过楼层文化突出"博通文理,爱满天地"的文化主题。"博爱厅"上边的楼层突出一个"学"字,因为"学"是"博通文理"的基础;"科技厅"上边的楼层突出一个"爱"字,紧扣"爱满天地"的文化主题。中间的楼层突出一个"博"字,紧扣"博通文理"的主题。"艺术厅"和"体育厅"上边的楼层以教师的发展文化为主,使整栋教学楼成为师生的精神家园。

第四节　校园文化育人

校园文化是重要的教育资源,育人也是打造校园文化的主要目的。我们充分利用校园文化的育人功能,实现立德树人的根本任务。

一、耳闻目染,育人无痕

教育的最高境界是育人无痕,让学生在不经意间就能学习到知识,提高思想品德水平。耳濡目染,才能做到育人无痕。这正是"孟母三迁"的智慧所在。

我们精心打造学校"博爱"文化,营造文化育人氛围。围绕学校"博通文理、爱满天地"的办学理想,"用才华点亮人生、用大爱创造品质"的校训,"以爱育爱、以才养才"的育人目标,把物质文化和精神文化进行高度融合,营造文化育人氛围。漫步校园,校园一门一园两苑两通道四层五厅的整体文化建设,博爱厅、博爱墙、博慧苑、爱生苑、体育园、科技厅、阅读厅、艺术厅、体育厅、博创社、雅诵社、雅艺社、雅绘社、雅墨社、雅乐社、雅琴社、走道、梯间、教室、办公室等环境文化建设,切实让立德树人核心价值理念走进学生视野,融入学生心灵,让整个校园充满了博爱、博学、博通、博雅的育人氛围,起到潜移默化、润物细无声的作用。校园一处一景是博爱,一花一草显文明,构建起了博爱文化育人的价值体系。

二、深入细品,深度参与

文化之所以是文化,不仅仅因为文化有物质载体,更重要的是文化用人和人的行动来诠释。没有了人和人的行动,文化就成了物质的堆砌。同样,校园文化因为有了师生及师生的行动的诠释,校园文化才是真正的校园文化。

学生在校园中的行动，本质上是成长。就校园文化而言包含两个方面——学生在校园文化中接受教育，学生参与校园文化建构。正是学生在校园中的行动成就了校园文化的精神和价值。

从这个认识出发，我们一方面引导学生对校园文化深入细品，从而获得成长的营养，迅速成长；另一方面，我们也为学生深度参与校园文化预留了大量丰富的空间。

（一）深入细品

每一年新生入学第一天，教师就给学生上校本课程《了解我的校园》。班主任向学生介绍学校博爱文化，带着学生漫步校园，介绍每一景点布局的内涵和外延，让学生了解学校、喜欢学校、热爱学校，爱护校园环境，激发学生的学习兴趣，让学校环境文化起到潜移默化、润物细无声的作用。

但是，校园文化建设的目的是教育，而不仅仅是耳濡目染。真正对个体发挥教育作用的事物，必然是引起了学生关注并深入思考的事物。耳濡目染显然是难以达到深刻的教育目的的。

因此，我们抓住教育的每一个火候，引导学生关注、思考校园文化的某些细节、环境。我们坚持问题导向引导学生关注和思考校园文化的细节、环境。孔子说，教育学生就要做到"不愤不发，不悱不启"。我们在学生最需要启发的时候，依托校园文化启发和引导学生。因为校园文化每一个细节都包含了人生道理、事物逻辑，具体可见的细节与抽象难懂的道理、逻辑相互体现、相互彰显，学生更容易理解和接受。

（二）深度参与

我们认为学生及其活动本身就是校园文化的重要组成部分，学生本身也应该深度参与校园文化。校园文化每一个地方、每一个细节都为学生参与校园文化预留了丰富的空间。

以爱生苑为例。爱生苑是打造的"三生"绿色德育主题景观，具有传统文化的天井风格造型，融山石、流水、动植物一体的自然生态环境，体现有效实施立德树人，有效开展市教育局提出的"三生"绿色德育，引导学生热爱生命、珍爱生命、赞美生命、思考生命、欣赏生命、创造生命、敬畏生命，爱护生态环境。学生可以在爱生苑里看绿色植物、欣赏花开、观赏鱼游、围坐石桌上读书、写字、聊天等。融入生态环境中，有助于培养学生与大自然和谐共处的文明素养，从而提高学生对生命长度、宽度、高度的认识。学生在这样的环境中观察周围的事物，感悟生命，一举一动都深受"爱"的感染和影响，体现出"爱"的神韵。而他们的一举一动融入环境，也成为校园文化的一部分，成为影响周围同学和老师的重要因素。

又以阅读厅为例。阅读厅是开放式的阅读空间，学生可以在课间、活动时自由阅读。这个环境对学生而言，是一个不可多得的学习场所，既培养学生博学多才、慧养人生的阅读素养，也提升了学生的文学素养和写作能力。在这里阅读的学生，他们正在用行动参与阅读厅文化的建构，他们及他们的阅读行为与阅读厅融为一体，成为阅读厅文化不可分割的一部分，成为其他同学学习的榜样。

再以涂鸦墙为例。涂鸦墙由学生自由涂鸦和张贴，不仅仅展示学生才华，还展示学生的思考、学生的精神状态、学生的收获。每周由值周班级负责管理。一周一中队，一周一更新，辅导员精心组织，队员踊跃参加，家长全力支持，展示作品形式多样、内容丰富，有手抄报、作文、诗词、书法、绘画等。这不仅丰富了学生的个性，避免了学生到其他地方乱涂乱画，还让学生博爱的情怀、博学的智慧、博通的能力、博雅的气质得到很好的展示，同时也让学生感受到存在感、认同感，享受成功的喜悦。

模范路、科技厅等地方，学生参与校园文化建构也很明显。

三、形成舆论，集体育人

（一）用好新媒体，宣传学校

学校建立了微信公众平台，班级微信群，校园电视台，校园 IP 广播，LED 显示屏，教育信息化"三通两平台"网络，监控全覆盖。充分利用各种新媒体，围绕学校博爱文化，宣传学校博爱文化的定位，学校的办学理想、办学理念、校训、校风、育人目标、特色教育、特色课程，开展的活动，让社会、家长了解学校、认同学校、宣传学校。

（二）培养博爱团队，提升团队素质

1. 狠抓干部队伍管理，提升干部队伍整体素质

进一步深化领导的主体责任、岗位职责，有效开展新任领导的任前谈话，切实搞好领导的集体约谈和个别谈话，努力建设"敬业、专业、团结、廉洁、务实、勇于担责、勇争一流、清正廉洁"的干部队伍，形成"想干事、能干事、会干事、干成事、不出事"的干部队伍建设局面。坚持每周一次行政会，安排布置阶段性的工作，不定期召开临时工作会，组织领导认真学习上级文件精神，传达有关会议精神，学习有关法律法规，不断提高依法治校、以德治校的管理水平和业务能力。

开展创建"四好"班子活动，贯彻《中国共产党支部工作条例（试行）》《关于加强中小学党组织建设的意见》《中小学校领导人员管理暂行办法》，强化干部队伍的管理与考核力度。一是要着力加强政治能力建设。认真贯彻落实中央"八项规定"、省市"十项规定"、区委区政府"十二项规定"和厉行勤俭节约反对铺张浪费的规定，着力纠正干部"四风"方面出现的新问题，崇尚实干，反对空谈，精准发力，不图虚名，不做虚功，勇于担当，切实转变作风，认真开展调查研究，畅通群众诉求反映渠道，广泛听取干部群众意见。严肃班子的政治规矩、政治纪律意识，切实加强班子的思想作风、工作作风、生活作风建设，发扬求真务实、真抓实干、勤俭节约、勤奋向上，奋发有为的作风和精神；静心抓管理，潜心抓质量，沉心抓落实，把心思用在干事业上，把精力投到抓落实上，把成效体现在推动发展上。二是充分发挥领导的表率作用，时时处处起带头作用，树立起良好的风气；要求领导做到各司其职，各尽其责，独当一面，遇事多联系、多沟通，齐心协力搞好学校管理工作，切实做到少说话，多做事，做成事，不出事，着力解决想干、会干、真干、善干的问题。三要增强团结，要大力倡导讲正气、讲团结、讲合作之风，充分发挥团队作用，做到优势互补，落实领导干部"一岗双责"，不断增强班子的凝聚力和战斗力，增强管理的科学性、时效性、规范性，加强工作的积极性和主动性，不等不靠，创造性地干好自己的工作。四要真心树立为学校的生存发展分忧，为班子建设尽责、为师生的成长服务的"三

种意识"；要讲奉献，发扬艰苦创业，不怕苦不怕累的精神。五要抓好干部和骨干教师的培养，完成年度培训任务，推荐教师进入区教育局中层领导后备人才库。六要增强法律意识、学法、用法、执法，依法管理学校。七要重视中层干部的选拔，严格按照局党委选拔班干部的文件执行，严把德才标准，坚持公正用人。人才难得，轻视不得，耽误不得，用错不得。用错一个人特别是用错关键岗位的人，对学校产生的负面影响是很大的。要从学校整体发展出发选干部、用干部，坚持政治过硬、德才兼备、事业为上、奉献为重、勇于担责，依事择人、人岗相适，做到学校发展需要什么样的人就用什么样的人，什么样的人最合适就选什么样的人。八要认真开展班子民主生活会，每个班子成员时刻牢记管理与服务意识，切实为教师办实事、送温暖，要把每一件简单的事做好，把每一件平凡的事做好，付出100%的努力，实现100%的要求，用领导的人格力量、精神的闪耀去影响教师，成为教师信任的领导，用班子力量的真心、真情换来教师工作的热心，增强教师的事业尊严和认同感。

坚持民主集中制原则。坚持"三重一大"原则，凡重大问题、决策、规章制度的制定，做到民主参与、民主管理、以人为本原则，坚持一切依靠教师，一切相信教师，做到广纳民言，善听民意，真解民忧，认真关心和解决教职员工的困难，充分发挥党支部的战斗堡垒作用、工会教代会的民主参与和民主监督作用，认真搞好教师对领导的民主测评工作。

2. 班主任队伍建设，提升班主任专业素养

充分认识班主任队伍的重要作用。班主任承担着管理和教育两大任务。一是班主任是学校德育管理工作的中坚力量。学生学籍、档案、转学、升学以及日常活动、综合素质评价、上传下达等工作，都需要班主任进行管理。二是班主任是加强未成年人思想道德建设的骨干力量，是学生健康成长的指导者、教育者和引路人，是教师队伍建设的重要组成部分，承担着大量直接的教育任务和职责，负责对学生集体或个人进行德智体美劳等全方位的教育。班主任素质的高低直接影响德育工作质量的目标实现，班主任的思路和境界直接影响着班级的发展水平，一个好的班主任是一个好班级的基础，班级形成什么样的风气、文化、精神，班级学生发展到什么程度，都取决于班主任的思想境界和思路。班主任是班级教育教学的核心，一个班级内有几十个学生，七八位教师，外有

年级组、备课组、大队部、教导处、教科室、后勤处等，这些人和因素都会产生联系。对班级工作起决定作用的是班主任，其核心作用主要有三个：一是凝聚协调任课教师；二是凝聚好几十名学生；三是班级思想引领，班风学风、发展目标、整体规划、活动设计等都是由班主任引领的。

加强班主任培训。促进班主任的专业发展是时代发展的要求，是社会发展的需要。加强班主任的专业培训，提高班主任的专业素养，是班主任专业发展的重要环节。班主任应当具有促进每一位学生身心全面发展的知识储备和相应的教育技能，且要随着时代的发展而发展。学校由分管副校长牵头，制订方案，落实措施，深入推进，有效开展每月一期的班辅教师培训，促进班主任队伍的发展。

3. 加强教师队伍建设，提升教师综合素养

贯彻中共中央、国务院《关于全面深化新时代教师队伍建设改革的意见》，实施"三大工程"，提升教师队伍专业素养。一是实施师魂铸造工程。建立和完善教师考核评价机制。学习贯彻《新时代中小学教师职业行为十项准则》，落实《中小学教师违反职业道德行为处理办法》，贯彻执行教育部"两个严禁"规定，围绕学校博爱文化，在"爱"的方面，让教师有爱的思想、爱的能力、爱的行为、爱的艺术，将大爱情怀的爱心育人作为教职员工的行为准则和信念追求，把"博爱"注入学校文化之中，进一步提高学校精神文化的层次。班主任要用爱心、诚心、细心、真心、耐心、恒心与学生建立起真挚坦诚、互敬互爱、和谐交融的师生关系，成为学生学习上的严师、生活上的良师、思想上的导师，赢得学生的信任和尊敬，促进学生健康、和谐发展。二是实施素质提升工程。贯彻执行教育部《义务教育学校管理标准》，以实施中西部"国培县"项目为平台，优化教师培训模式，选送领导、骨干教师外出培训学习。继续推进"新教师—教坛新秀—骨干教师—学科带头人"四级梯度培养体系。开展联片教研、校本研修、送教送培下校、"甜城杯"中青年教师技能大赛等活动。三是建设幸福教师工程。认真开展推荐每年表扬一批优秀教师、优秀校长、优秀教育工作者和先进单位工作，用身边事、身边人，大树典型，广泛宣传教师队伍中先进典型和先进事迹，进一步提高教师的获得感、安全感、幸福感、职业认同度、社会认同度和美誉度，在全社会形成尊师重教的良好风尚。形成一支"有理想信念、有道德情

操、有扎实学识、有仁爱之心"的"四有"好教师队伍，为办好人民满意的教育打下坚实基础。

4. 加强学生素质教育，提升学生队伍综合素质

以党的十九大精神为统领，落实立德树人根本任务，落实《中小学德育工作指南》《少先队工作改革方案》，市教育局《德育工作五年行动计划》，培育和践行新时代社会主义核心价值观，弘扬优秀传统文化。立足班校，通过培训参赛、交流展示，组织开展每三年为一周期的学生"写诵"活动、艺体活动、科技及机器人创新大赛等展评活动，为学生搭建展示平台，促进学生全面发展，提升学生队伍综合素质。

（三）家校携手，共育成长

1. 家庭教育

（1）家庭教育的重要意义。

家庭是社会的基本细胞。注重家庭、注重家教、注重家风，对于国家发展、民族进步、社会和谐具有十分重要的意义。家庭是孩子的第一个课堂，父母是孩子的第一任老师。家庭教育工作开展得如何，关系到孩子的终身发展，关系到千家万户的切身利益，关系到国家和民族的未来。近年来，经过各地不断努力探索，家庭教育工作取得了积极进展，但还存在认识不到位、教育水平不高、相关资源缺乏等问题，导致一些家庭出现了重智轻德、重知轻能、过分宠爱、过高要求等现象，影响了孩子的健康成长和全面发展。亟须提升家长素质，提高育人水平，让家庭教育工作承担起重要的责任和使命。各地教育部门和中小学幼儿园要从落实中央"四个全面"（即全面建成小康社会、全面深化改革、全面依法治国、全面从严治党）战略布局的高度，不断加强家庭教育工作，进一步明确家长在家庭教育中的主体责任，充分发挥学校在家庭教育中的重要作用，加快形成家庭教育社会支持网络，推动家庭、学校、社会密切配合，共同培养德智体美劳全面发展的社会主义建设者和接班人。

（2）明确家长在家庭教育中的主体责任。

第一，依法履行家庭教育职责。教育孩子是父母或者其他监护人的法定职责。广大家长要及时了解、掌握孩子不同年龄段的表现和成长特点,真正做到因材施教,不断提高家庭教育的针对性;要始终坚持儿童为本,尊重孩子的合理需要和个性,创设适合孩子成长的必要条件和生活情境,努力把握家庭教育的规律性;要提升自身素质和能力,积极发挥榜样作用,与学校、社会共同形成教育合力,避免缺教少护、教而不当,切实增强家庭教育的有效性。

第二,严格遵循孩子成长规律。学龄前儿童家长要为孩子提供健康、丰富的生活和活动环境,培养孩子健康体魄、良好生活习惯和品德行为,让他们在快乐的童年生活中获得有益于身心发展的经验。家长要督促孩子坚持体育锻炼,增长自我保护知识和基本自救技能,鼓励参与劳动,养成良好生活自理习惯和学习习惯,引导孩子学会感恩父母、诚实为人、诚实做事。中学生家长要对孩子开展性别教育、媒介素养教育,培养孩子积极学业态度,与学校配合减轻孩子过重学业负担,指导孩子学会自主选择。切实消除学校减负、家长增负,不问兴趣、盲目报班。

第三,不断提升家庭教育水平。广大家长要全面学习家庭教育知识,系统掌握家庭教育科学理念和方法,增强家庭教育本领,用正确思想、正确方法、正确行动教育引导孩子;不断更新家庭教育观念,坚持立德树人导向,以端正的育儿观、成才观、成人观引导孩子逐渐形成正确的世界观、人生观、价值观;不断提高自身素质,重视以身作则和言传身教,要时时处处给孩子做榜样,以自身健康的思想、良好的品行影响和帮助孩子养成好思想、好品格、好习惯;努力拓展家庭教育空间,不断创造家庭教育机会,积极主动与学校沟通孩子情况,支持孩子参加适合的社会实践,推动家庭教育和学校教育、社会教育有机融合。

(3)充分发挥学校在家庭教育中的重要作用。

第一,组建学校家庭教育工作小组。建成以分管德育工作的校长、中小学德育主任、年级长、班主任、德育课老师为主体,专家学者和优秀家长共同参与,专兼职相结合的家庭教育骨干力量。将家庭教育工作纳入教育行政干部和中小学校长培训内容,将学校安排的家庭教育指导服务计入工作量。

第二,强化学校对家庭教育的工作指导。切实加强对家庭教育工作的指导,推动形成政府主导、部门协作、家长参与、学校组织、社会支持的家庭教育工作格局。学校要建立健全家庭教育工作机制,统筹家长委员会、家长学校、家长会、家访、家长开放日、家长接待日等各种家校沟通渠道。

第三，丰富学校指导服务内容。学校要坚持立德树人根本任务，将社会主义核心价值观融入家庭教育工作实践，将中华民族优秀传统家庭美德发扬光大。要举办家长培训讲座和咨询服务，开展先进教育理念和科学育人知识指导；举办经验交流会，通过优秀家长现身说法、案例教学发挥优秀家庭示范带动作用。组织社会实践活动，定期开展家长和学生共同参与的参观体验、专题调查、研学旅行、红色旅游、志愿服务和社会公益活动。以重大纪念日、民族传统节日为契机，通过丰富多彩、生动活泼的文艺、体育等活动增进亲子沟通和交流。及时了解、沟通和反馈学生思想状况和行为表现，营造良好家校关系和共同育人氛围。

第四，发挥好家长委员会作用。学校采取有效措施加快推进建立家长委员会，推动建立年级、班级家长委员会。要将家长委员会纳入学校日常管理，将家庭教育指导服务作为重要任务。家长委员会要邀请有关专家、学校校长和相关教师、优秀父母组成家庭教育讲师团，面向广大家长定期宣传党的教育方针、相关法律法规和政策，传播科学的家庭教育理念、知识和方法，组织开展形式多样的家庭教育指导服务和实践活动。

第五，共同办好家长学校。学校要配合妇联、关工委等相关组织，在队伍、场所、教学计划、活动开展等方面给予协助，共同办好家长学校。要把家长学校纳入学校工作的总体部署，帮助和支持家长学校组织专家团队，聘请专业人士和志愿者，设计较为具体的家庭教育纲目和课程，开发家庭教育教材和活动指导手册。家长学校每学期至少组织1次家庭教育指导和1次家庭教育实践活动。

（4）加快形成家庭教育社会支持网络。

第一，构建家庭教育社区支持体系。学校要与相关部门密切配合，推动建立街道、社区（村）家庭教育指导机构，利用节假日和业余时间开展工作，每年至少组织2次家庭教育指导和2次家庭教育实践活动，将街道、社区（村）家庭教育指导服务纳入社区教育体系。有条件的中小学幼儿园可以派教师到街道、社区（村）挂职，为家长提供公益性家庭教育指导服务。

第二，统筹协调各类社会资源单位。要积极引导多元社会主体参与家庭教育指导服务，利用各类社会资源单位开展家庭教育指导和实践活动，扩大活动覆盖面。

2. 家长委员会

为贯彻落实《国家中长期教育改革和发展规划纲要（2010—2020年）》，推进现代学校制度建设，完善中小学幼儿园管理制度，教育部在2012年就出台了《关于建立中小学幼儿园家长委员会的指导意见》。该意见明确了建立家长委员会的重要意义、家长委员会的基本职责，积极推进家长委员会组建，发挥好家长委员会支持学校工作的积极作用，为家长委员会的建设提供有力保障。

（1）明确家长委员会的基本职责。家长委员会应在学校的指导下履行职责。

参与学校管理。对学校工作计划和重要决策，特别是事关学生和家长切身利益的事项提出意见和建议；对学校教育教学和管理工作予以支持，积极配合；对学校开展的教育教学活动进行监督，帮助学校改进工作。

参与教育工作。发挥家长的专业优势，为学校教育教学活动提供支持。发挥家长的资源优势，为学生开展校外活动提供教育资源和志愿服务。发挥家长自我教育的优势，交流宣传正确的教育理念和科学的教育方法。

沟通学校与家庭。向家长通报学校近期的重要工作和准备采取的重要举措，听取并转达家长对学校工作的意见和建议。向学校及时反映家长的意愿，听取并转达学校对家长的希望和要求，促进学校和家庭的相互理解。

（2）积极推进家长委员会组建。

由能代表全体家长意愿的在校学生家长组成家长委员会。

家长委员会成员应具有正确教育观念，掌握科学的教育方法，热心学校教育工作，富有奉献精神，有一定的组织管理和协调能力，善于听取意见、办事公道、责任心强，能赢得广大家长的信赖。

（3）发挥好家长委员会支持学校工作的积极作用。

家长委员会要针对学校教育和家庭教育的突出问题，重点做好德育、保障学生安全健康、推动减轻中小学生课业负担、化解家校矛盾等工作。

与学校共同做好德育工作。要及时与学校沟通学生思想状况和班集体情况，经常向各家长了解学生在家庭的表现和对学校、教师的看法，与学校和教师一起肯定和表扬学生的进步，解决和化解学生遇到的困难和烦恼，做好思想工作。经常和各家长交流，了解学生所在班级的情况，及时发现班集体风气和同学之间关系存在的问题，推动形成积极向上、温暖和谐、互助友爱的班集体。

协助学校开展安全和健康教育。引导家长履行监护人责任，配合学校提高学生安全意识和自护能力，支持学校开展体育运动和社会实践活动。对学校的安全工作进行监督，与学校共同做好保障学生安全工作，避免发生伤害事故。

支持和推动减轻学生课业负担。防止和纠正幼儿园教育"小学化"。引导家长积极支持教育部门和学校采取的减轻中小学生课业负担的各项措施，监督学校的课业负担情况，及时向学校提出意见和改进的建议，与学校共同推进素质教育。

营造良好的家校关系。把学校准备采取和正在实施的教育教学改革措施，向家长做出入情入理的解释和说明，争取家长的理解和支持。及时向学校反映家长对学校工作的疑问，帮助学校了解情况改进工作。多做化解矛盾的工作，把可能出现的问题解决在萌芽状态。

3. 家长学校

家庭教育是现代国民教育的重要组成部分，是学校教育和社会教育的基础，在未成年人思想道德建设中具有特殊重要的作用。家长学校是宣传普及家庭教育知识，提升家长素质的重要场所，是指导推进家庭教育的主阵地和主渠道。为深入贯彻落实《中共中央国务院关于进一步加强和改进未成年人思想道德建设的若干意见》和《国家中长期教育改革和发展规划纲要（2010—2020年）》精神，进一步加强对家长学校规范管理，保障家长学校工作有效开展，全国妇联、教育部、中央文明办就进一步加强家长学校工作提出了指导意见。

（1）主要任务。

家长学校主要任务：面向广大家长宣传党的教育方针、相关法律法规和政策，宣传科学的家庭教育理念、知识和方法，引导家长树立正确的儿童观和育人观；组织开展形式多样的家庭教育实践活动，增进亲子之间的沟通和交流，使家长和儿童在活动中共同成长进步；通过多种形式为家长儿童提供指导和服务，帮助解决家庭教育中的难点问题，提升家长教育培养子女的能力和水平；增进家庭与学校的有效沟通，努力构筑学校、家庭、社区"三结合"的未成年人教育网络，为儿童健康成长营造良好环境。

（2）组织管理。

各级各类学校、街道、社区（村）、家庭教育指导机构（关式委）都应设立家长学校，由全国妇联、教育部、中央文明办组织管理。

中小学校家长学校校长由分管德育工作的校长兼任，与德育主任、年级组长、班主任、家长代表等人员共同组成校务管理委员会，负责家长学校日常管理事务，每学期至少召开1次管理委员会会议。中小学校家长学校师资队伍可由学校教师、志愿者、优秀家长等组成，有条件的学校可聘请专家或社会工作者开展相关工作。家长学校每学期至少组织1次家长指导（如家庭教育讲座、家庭教育咨询等）、1次家庭教育实践活动。

四、课堂内外，相得益彰

（一）立德树人，文化引领，成为学校德育主阵地

善用学校"博爱"文化，营造文化育人氛围。围绕学校"博通文理，爱满天地"的办学理想，用才华点亮人生，用大爱创造品质的校训，以爱育爱，以才养才的育人目标，把物质文化和精神文化高度融合，营造文化育人氛围。漫步校园，校园二楼二门一园，两路两苑四层六厅的整体文化建设，博爱厅、博爱墙、博慧苑、爱生苑、雅诵厅、雅艺厅、雅绘厅、雅墨厅、博创厅，走道、梯间、教室、办公室等环境文化建设，切实让立德树人核心价值理念走进学生视野，融入学生心灵，让整个校园充满博爱、博学、博通、博雅的育人氛围，起到潜移默化、润物细无声的作用，构建起了博爱文化育人的价值体系。

"五歌一仪式一诵读"，夯实阵地建设根基。以儿歌和童谣的形式，将《牢记核心价值观》《十爱歌》《一日常规歌》等有效植入每天的大课间活动和每周的升旗仪式中，做到春风化雨、润物无声。"三微三细"模式平台，传播价值正能量。积极建设"微信号""微班会""微广播"，形成"细"培训、"细"内容、"细"公布，强化校园文明细胞建设，细化校园文明细胞管理，传播正能量。

（二）推动思想道德建设，规范管理育人落地生根

1. 将核心价值观、"十爱"价值理念与学校博爱文化融会贯通

深度融入教育改革实践，做到全面、全程、全员、全心育人。深度融入法治安全建设，从小学法、知法、懂法、用法、守法，敬畏法律、敬畏规矩，强化道德作用，推动道德素养的提高。深度融入党的建设，厚植党的执政基础。深度融入师德师风建设。开展廉洁从教"四个一"活动，努力建设"四有"好教师队伍。

2. 活动坚持落细落小落实，注重实效

从细小实抓起，让学生从小事做起、从自我做起、从现在做起，以文明习惯养成培育文明素养和文明程度。

3. 加强典型宣传，树立榜样的示范引领作用

通过选典型、树典型、学典型，让自己成为典型，加强先进人物的宣传，用身边事教育身边人，点亮一盏灯，照亮万千人。

（三）创新活动载体，开展主题活动育人

丰富多样的活动是素质教育环境下必不可少的一个环节。学校从各类活动组织入手，搭建载体和平台，实现主题班队会、升旗仪式、校园"五节"等活动系列化、专题化。一是开展学雷锋志愿服务活动。依托文明办、少队部、家长委员会、家长志愿者、街道、社区开展义卖捐助、夏日送清凉、儿童跳蚤市场、社区志愿服务等活动，让学生在颂雷锋、学雷锋、做雷锋中追寻雷锋足迹，传承雷锋精神，续写雷锋日记，争做新时代雷锋。学校原四年三班余×同学拾金不昧，将拾到的装有4000多元现金、数张银行卡及相关证件的手包主动归还失主。失主专程把锦旗送到学校，《内江晚报》对此进行了报道。二是开展"缅怀英烈 传承精神 争做美德少年"活动。开展践行"十爱"主题系列活动，学生通过观看英烈事迹、宣讲英烈故事、祭扫烈士陵园、手绘"和平家园"，弘扬英烈精神，传承红色基因，整个活动在"大内江""微甜城"、内江电视台等多家媒体报道。三是开展十爱特色主题活动。开展学树月、体育月、

感恩月、安全月、艺术月、阅读月、科技月活动，如通过诚信讲座、诚信手抄报、诚信主题班队会和演讲、小手拉大手等系列活动，让诚信的种子在孩子们心中生根发芽，校园处处弥漫着向上向善、诚信守礼、文明有序的良好风气。

（四）挖掘学校资源，开展校本课程育人

课程作为育人的主要载体，在充分发挥国家课程、地方课程育人的基础上，挖掘学校资源，开发校本课程。学校已开设入校课程、离校课程、诚信课程、生命健康安全体验课程等16门课程，从德育、艺术、科技创新、大爱情怀等方面入手，培养学生的综合素质，帮助学生建立健全人格，如入校课程教育，主要包括校外礼仪和校内规范。校外礼仪包括安全、仪表、言行、作息等；校内规范包括学校制度、同学交往、学习习惯、校内言行、一日常规、自我反思、自我成长等。入校课程历时一个月，使学生养成了良好的行为规范。"博爱家园 生命健康安全"体验课程，通过深度融合"五大"教育，"五大体验"活动，培养学生珍爱生命、应急避险意识，提高应急避险、自救互救能力，更好地爱人生，爱健康。经典诵读课程，开展"书香润校园 阅读伴成长"系列活动，让博雅传承文明，经典浸润人生，培养学生的阅读习惯、提升写作水平，传承优秀文化，为学生成长奠定深厚的文化基石。书画课程，结合区委宣传部组织编写的《甜城内江——中国书画之乡》校本课材，邀请当地知名书画家进校园，现场书画，现场指导，传承"大千文化"，打造书画之乡，学生在学、讲、书、画、赏、赛中践行核心价值、传承书画文化，坚持文化自信，形成向上向善的思想。

（五）研学旅行，实践育人

通过在科技馆、物价局、工商局、气象站、水厂、烈士陵园等进行的研学旅行实践活动，在旅行中学习，在研学中思考，在实践中育人。

（六）家校携手，协同育人

随着素质教育的不断推进，教育不再是单一的学校教育，社会、家庭也成为教育的主战场。在这一理念的指导下，学校成立家委会，组织家长

走进学校，走进课堂，参与学校管理，参加志愿活动，成为校方的知情者、建议者、参与者、监督者、支持者，实现家校携手，协同育人合力。

通过学校"六大"育人路径的实施，发展学生核心素养，促进学校素质教育质量的提高，构建起博爱、博学、博通、博雅的"博爱"文化，形成学校"一博六雅五节"的内涵发展成果。学校 2017 年获"全国未成年人思想道德建设先进单位"（全国 200 个，全省 8 个，内江创建以来为首个）、"四川省文明校园"等荣誉称号；在"亮校园文明 展创建成果"2017 年全国文明校园宣传推广展播活动中，学校点赞率居全国第一，登上了中国未成年人网头条，在中国未成年人网上进行视频展播；2018 年 3 月 13 日，省教厅巡视员刘东一行约 100 人到学校观摩指导学校基础教育工作，对学校基础教育各项工作予以充分肯定；2019 年学校获"全国少先队红旗大队"称号。

第三章　内江市第十小学校教育模式

第一节　"四个一"德育模式

一、制定一套管理制度

（一）制度保障，明确要求

学校认真贯彻落实《关于进一步加强和改进未成年人思想道德教育建设的若干意见》的有关规定，细化新《中小学生守则》和《中小学生日常行为规范》，制定了《内江十小一日常规》，是新生入学时加强教育的一个重要内容。学习中，我们提出了养成教育所包含的八项内容——守时、守纪、守规、文明、礼貌、专注、卫生、健体，在每一项内容的下面我们还将其进一步细化，形成四至五条管理细则，让学生在校的德育常规有遵循的标准，如为了改变学生生活不拘小节、言行随便的不良习惯。我们从学生日常生活的点滴之处着手。一是从卫生入手，无论教室还是公共卫生区，我们要求必须全天候保洁，坚持每天清捡，做到地面无纸屑、墙壁无污渍，玻璃窗和走廊、楼梯的扶手栏杆做到一尘不染。这些细小的卫生工作，我们天天有人做，天天有人查，每周有通报。二是在物品的摆放上，我们要求学生课本整齐排放于课桌的左、右上角；卫生工具要求统一排列在室内的指定卫生角。这样的管理制度和管理方法从宏观着想，从微观入手，体现了学校德育工作上"把虚事做实、把实事做细、把细事做勤"的传统。各项常规制度有机结合、互益互补，有力地将各项管理纳入了规范运行的轨道。

（二）量化管理，持之以恒

学校对学生日常行为习惯养成教育实行量化管理，从细处着眼，严格要求，耐心帮助，强化训练。在班级的量化管理评比细则中，班主任要组织好学生干部对升旗仪式、课间操、眼保健操、校服、卫生、公物保管、课堂纪律、黑板报等项目专项专人负责，切实做到人人有事做、事事人有管。大队部进行考核，一周一公布，一月一评比，一期一表彰。通过这样的量化管理，将日常行为规范扎根学生心中，内化为自觉的行动。对于日常行为不够规范的学生，我们则通过多方面、多渠道督促学生改正不良行为习惯。

二、抓好一支德育队伍

（一）班主任队伍

班主任作为学校德育的一支重要队伍，是贯彻学校德育理念的一个重要环节，是班级建设的总设计师，是协调学生与科任教师、教师与家长的一座桥梁。有怎样的班主任，就会有怎样的一个班集体。

（1）建立系统的、科学的、富于激励作用的班主任培训机制，改变简单向灌输理念的传统培训方式，多角度、多层次引导班主任强化业务学习。加强班主任专业化的培养力度。通过专题研讨、案例分析、经验交流、论文参赛、聆听报告、外出学习等形式，共同提高班主任的管理能力与工作水平。

（2）要求班主任改进工作方法，努力从"经验型"向"科学型"转型。工作中要体现精神关怀与人本主义，要关心、尊重、理解、信任学生，能针对学生的差异性有效地开展工作。

（3）完善班主任考核制度，强化班主任的责任意识，激励班主任创造性地开展工作，将班级的管理观念、管理态度、管理行为、管理过程和管理业绩作为考核的重点内容。

（二）德育队伍全员化

除了班主任，学校所有教师都要作为德育工作者投入工作中，强调了教师们德育意识和德育能力，实现德育工作的全员性，统一"人人都是德育工作者"的认识，以专任教师所教学科的德育渗透为主要内容，以校本培训、自主研修为主要形式，以课堂教学评价体现"情感、态度、价值观"为主要保障，以自主实践为目标，促进专任教师队伍的德育素养。

（三）学生干部队伍

学生干部队伍是广大中小学生的楷模，也是德育工作的小助手。学校大队部注重学生干部队伍的人员选拔和培训工作，加强了对学生干部的校本培训力度，建立学生干部队伍培训制度；实施学生干部周汇报制度，培养学生干部的主人翁意识。大队部还建立了一支"蒲公英"小队，其主要功能包括：第一，像蒲公英一样处处都有文明督查队；第二，像蒲公英一样把文明礼仪之花洒遍校园。各中队还设立了"小黄帽"监督岗，在课间休息时间，校园里的"小黄帽"开始履行文明监督及帮护职责。学生干部队伍网络结构更大范围、更深层次地构建了文明的校园。学校大队部先后评"四川省优秀少先队集体""四川省红旗大队"。

三、建好一个德育阵地

（一）校园德育阵地

（1）环境育人，营造耳濡目染的德育环境。学校一直致力构建学校文化品位高、美化绿化好、富于教育性的育人环境，使校园内充满浓郁的文化气息，让学生受到文化的熏陶。重视创建校园环境特色，充分发挥校内一砖一瓦、一草一木的教育作用，让一草一木会说话、一花一石会作证，努力做到优美、健康、安全、和谐，进一步突出德育氛围，使环境起到潜移默化、润物无声的作用，从而达到环境育人的目的。学校先后被评为"内江市环境优美示范学校""内江市园林式单位"。2021年，学校获省"环境优美示范学校"称号。

（2）重视校园环境的人文特色。在校园内的一门、一园、两路、两苑、四厅、五层建设中，精心设计人文景点，如富有特色的涂鸦墙、读书塔、模范路、科技厅；走廊上有名人书画和警示语录；教室前面的黑板上有国旗，楼下配备了用来通报常规、表彰先进的宣传栏。

（3）认真办好校园广播站。每周二、四有"校园广播之声"大力弘扬社会主义核心价值观，传播先进文化，弘扬学生中的好人好事。宣传栏、黑板报创造激励学生自我教育和发展的良好氛围。良好的文化氛围造就了广大教师有良好的职业道德；优美的教育环境加强了校风建设，培养了和谐的师生关系、同学关系。

（4）鼓励特色班级文化的建设。班级是学校的组成部分，是学生实现成长和社会化的重要基地。班级文化是班级内部形成的独特价值观，共同思想、作风、行为准则的总和，是人格的熏陶地。学校通过开展班级文化评比及观摩活动，促进班级德育文化工作的开展。

（二）社区校外活动阵地

学校手拉手的社区是新华路社区，学校不定时组织学生志愿者、教师志愿者参与社区义工活动。校外的德育基地有 5 个（烈士陵园、双河苗圃、消防中队、气象局、粮食局），这些都是传播社会主义精神文明的主要窗口，更是学生学以致用的联结器、青少年陶冶情操的净化器、青少年开拓创新的推进器。

四、建好一个教育网络

认真落实《教育部关于加强家庭教育工作的指导意见》，开发利用社会教育资源，健全学校、家庭和社会三结合教育网络。建立家长学校，有计划、有重点、分层次地对家长的家庭教育进行辅导。学校作为"全国优秀家长学校实验基地"，组织家长委员会以年级为单位定期召开例会，参与学校和班级管理，并积极献计献策。家委会负责沟通学校与家长、学校与学生、家长与家长之间的关系，这就把教育由一元化带入了多元化。各方面力量紧密配合，使教育的空间更加广阔。

充分发挥少先队的作用，构建学校、家庭、社会三位一体的德育管理网络，有效提高德育工作的实效性和主动性。德育领导小组定期召开德育工作例会，针对学生出现的德育状况提出对策。在德育领导小组的指导下，由大队部针对每一个阶段、每一个层次制定出可行性教育措施和具体要求，落实每一个人的德育责任，切实发挥班主任、科任教师等人员、部门的职能，齐抓共管，分工负责，使学生慢慢从受约束逐渐到自我约束。同时，大队部坚持校园"蒲公英"纠察队课间巡视制度，从根本上杜绝学生不良行为出现。如在"保持校园环境卫生"的专项整治工作中，学校向全校师生提出了环保倡议，主题是"弯弯腰把你见到的废纸捡起来，伸伸手把你见到的乱涂抹的东西擦干净"。学校要求教师、学生干部以身作则，全体学生在教职工和学生干部的模范带头下，逐步养成自觉爱护卫生的习惯。

为跟上网络时代步伐，学校开通了"微信公众号"平台，构建了"手掌上的德育"网络。平台上，学校围绕德育工作开设了"十小书吧""绿色德育"等专栏，不仅展示了学校校园风貌、校园信息，还向师生、家长倡导"博爱教育、绿色德育"。

第二节 "微教育"模式

学校德育工作有机结合当前的"微时代"特点，不断改进创新，在"微"字上下功夫。

一、打造微信公众平台

平台上，学校围绕德育工作开设了"十小书吧""绿色德育""红领巾""党建活动""安全教育""健康教育"等专栏，不仅展示了学校校园风貌、校园信息，还向师生、家长倡导"博爱教育、绿色德育"，让学生、家长、老师、社会能在第一时间了解学校德育信息动态、德育导向、德育传播。

二、开设"微班会"

彰显"微"和"班会"的双体功能，以"微"充分体现学生的主体性，以"课"充分彰显教师的主导性，实现课堂的翻转。学校要求10分钟左右的"微班会"以"近、小、亲、实"为原则，切入点小，主题鲜明，目标明确，内容短小、精干，以小见大。

活动方案展示Ⅰ

"学习新思想 做好接班人"主题队会

一、活动地点

四年七班教室。

二、主持人

甲、乙、丙、丁。

三、活动背景

一个新时代的到来，总是以新思想为标志。一个新时代的前进，必须有新思想为指引。深入学习贯彻习近平新时代中国特色社会主义思想和党的十九大精神，落实全国教育大会精神，让广大中小学生牢固树立永远跟党走的理想信念，激发当好社会主义合格建设者和可靠接班人的使命担当。

四、活动目的

1. 多了解中国革命、建设、改革的历史知识。
2. 学习新思想：多向英雄模范人物学习。
3. 做好接班人：热爱祖国，做理想远大有担当的好少年。

五、活动准备

1. 练歌《中国少年先锋队队歌》。
2. 诵读《少年中国说》。
3. 战国荀子的《荀子劝学》中的"不积跬步，无以至千里；不积小流，无以成江海"的典故及释义。

六、活动过程

1. 整队，清点人数。
2. 出旗奏乐。
3. 唱队歌《我们是共产主义接班人》。
4. 宣布活动开始，进行活动。

主持人（合）：敬爱的辅导员，亲爱的队员们，大家好！

主持人甲：作为少先队员的我们，学习新思想、做好接班人是我们义不容辞的责任和担当。我们少年一代，要努力学习，掌握知识和本领，长大后为实现"中国梦"贡献自己的力量。多读国学经典书籍，多学中华传统文化。从课本上学到的典故，是中华文化长河中的智慧结晶，是传承中华民族优秀传统文化的经典载体。

主持人乙：少年强则国强。一百多年前，梁启超先生以超前的思想和博大的情怀，发出了对祖国前景的期盼和对青少年勇于肩负使命的呐喊。一百多年后的今天，祖国强盛的宏伟蓝图正着力绘就，民族复兴的时代大船已扬帆起航。

主持人丙：习近平总书记在讲话中多次表达对我们青少年的殷切期盼。青少年是中华民族生生不息的力量源泉，是实现中华民族伟大复兴的生力军。作为青少年，要有志向，爱学习，爱劳动，坚持品德为先、德智体美劳全面发展。

主持人丁：在此，让我们一起来诵读《少年中国说》。

主持人（合）：故今日之责任，不在他人，而全在我少年。少年智则国智，少年富则国富，少年强则国强，少年独立则国独立，少年自由则国自由，少年进步则国进步，少年胜于欧洲，则国胜于欧洲，少年雄于地球，则国雄于地球。

红日初升，其道大光；河出伏流，一泻汪洋；潜龙腾渊，鳞爪飞扬；乳虎啸谷，百兽震惶；鹰隼试翼，风尘翕张；奇花初胎，矞矞皇皇；干将发硎，有作其芒；天戴其苍，地履其黄；纵有千古，横有八荒；前途似海，来日方长。

美哉，我少年中国，与天不老！壮哉，我中国少年，与国无疆！

主持人丁：作为少年，在日常生活中，我们要学会自立自强，不要养成饭来张口、衣来伸手的习惯，而应该学会独立，有自己的主见，不要什么都依赖家长。学会不骄不躁，遇到困难自己解决。还有一点是要立志，奥运会上，中国健儿取得了辉煌的战果，这也是对他们从小立志并持之以恒训练的回报。所以同学们，还犹豫什么，树立理想，好好学习吧！

主持人甲：通过活动的开展及学习，中小学生努力践行"中国梦"。2012年11月29日，习近平总书记提出了把"中国梦"定义为"实现中华民族伟大复兴，就是中华民族近代以来最伟大的梦想"，并且表示这个梦"一定能实现"。"中国梦"的核心目标也可以概括为"两个一百年"奋斗目标，也就是：到2021年中国共产党成立100周年和2049年中华人民共和国成立100周年时，最终实现中华民族伟大复兴，具体表现是国家富强、民族振兴、人民富裕，实现途径是走中国特色社会主义道路、坚持中国特色社会主义理论体系、弘扬民族精神、凝聚中国力量，实施手段是政治、经济、文化、社会、生态文明五位一体建设。

主持人乙：走进新时代，实现中国梦，是习近平总书记、党中央对全国人民的庄严承诺。中国梦是国家的、民族的，也是每一个中国人的。中国梦是爷爷的梦想，是爸爸的梦想，更是我的梦想，中国梦与世界各国人民的美好梦想相通。实现中华民族伟大复兴是一项光荣而艰巨的事业，需要我们一代又一代中国人的不懈努力才能实现。

主持人丙：前面我们学习了新思想，下面则说说作为接班人需要的优秀品质。从《荀子劝学》的典故说起吧："积土成山，风雨兴焉；积水成渊，蛟龙生焉；积善成德，而神明自得，圣心备焉。故不积跬步，无以至千里；不积小流，无以成江海。"

主持人丁：意思是，堆积土石成了高山，风雨就从这里兴起了；汇积水流成为深渊，蛟龙就从这里产生了。积累善行养成高尚的品德，自然会心智澄明，也就具有了圣人的精神境界。所以不积累一步半步的行程，就没有办法达到千里之远；不积累细小的水流，就没有办法汇成江河大海。

主持人甲：我们做一件事，如果不能持之以恒，就不可能成功。而如果能够在掌握正确方法的前提下不断努力、不断积累，看起来难以完成的目标都可以实现。书读百遍，其义自见。锲而不舍、持之以恒，这正是我们读书学习应有的态度。

主持人乙：智者求同，愚者求异。世界上没有两片完全相同的树叶，每个人都有不同的爱好、不同的性格、不同的处事方式。因此，人与人之间难免产生摩擦、矛盾。要善于找到自己和别人最大的相容度，友好相处，相互成就。如果经常抓住别人与自己不同的地方不放、没事找事，从而产生矛盾，则百事难成。

主持人丙："己所不欲，勿施于人"出自春秋时期的《论语·颜渊》。意思是自己不接受的事情，不能强迫别人接受；自己不愿意做的事情，就不能强加到别人身上。这是一种尊重他人、平等待人的表现。

主持人（合）：希望我们每一位同学都怀着一颗感恩的心，珍惜时光，努力学习，将来做对国家、对人民、对社会有用的人。

5. 辅导员总结。

亲爱的队员们，让我们梦启年少，从这里出发，学习新思想，拾级而上，在习近平新时代中国特色社会主义思想的指引下，努力让自己成为一个具有历史底蕴和文化内涵的人,争做"有思想、有信念、勇担当,能行动"的接班人。

6. 主持人宣布活动结束。

主持人(合):四年七中队主题队会到此结束。谢谢大家!

七、活动反思

经过本次中队活动,队员们懂得了学习知识要像"海绵吸水",勤于思考,培养创造精神、持之以恒的学习态度。多读经典,多背诵优秀诗词,长大后才能文思泉涌,更好地传承中华优秀传统文化,将其发扬光大。我们要时刻准备着为建设富强、民主、文明、和谐的社会主义国家而努力奋斗,做一名合格的接班人!

活动方案展示 II

"改革开放 40 周年的变化"主题班会活动方案

一、活动背景

中国 40 年改革开放,不仅全面改变了中国,也深刻影响了世界,是中国和世界共同发展进步的伟大历程。习近平总书记在博鳌亚洲论坛 2018 年年会开幕式上指出:"40 年来,中国人民始终敞开胸襟、拥抱世界,积极作出了中国贡献。""今天,中国人民完全可以自豪地说,改革开放这场中国的第二次革命,不仅深刻改变了中国,也深刻影响了世界!"40 年过去了,我们的国家、社会和个人经历了怎样的变化?让我们用双眼去观察、用真心去体会、用语言去诉说党和祖国的伟大事业,以及同胞的幸福生活。

二、活动目的

(1)通过开展改革开放 40 年知识问答,让大家对这一段历史有基本了解。

(2)通过对改革开放伟大成就的分析,让大家对改革开放 40 年的历史意义有更深入的了解。

(3)通过讲述今昔对比,让大家切身感受改革开放 40 年对我们生活带来的变化以及改革开放为人们带来的幸福生活。

三、活动准备

1. 收集整理改革开放 40 年历史资料、伟大成绩、重大意义，制作成改革开放40年精彩回顾PPT。

2. 制作改革开放40年知识问答题。

3. 收集整理今昔变化对比照片，准备好"照片里的故事"讲解，并制作好PPT。

4. 下载音乐《春天里的故事》并排练合唱。

四、活动时间

2018年11月9日。

五、活动流程

1. 听一听。

主持人甲：2018年，是我们国家改革开放40周年。

主持人乙：40年来，我们国家以敢闯敢干的勇气和自我革新的担当，闯出了一条新路、好路，从而实现了从"赶上时代"到"引领时代"的伟大跨越。

主持人甲：改革开放成果累累，无论是我国的国家实力，还是人民的生活水平，都实现了翻天覆地的变化。

主持人乙：接下来就让我们一起重温改革开放40年历史，讲述今昔变化。

主持人甲：我宣布"改革开放40年的变化"主题班队会活动正式开始。

主持人乙：首先，有请尹老师为我们带来改革开放40年的精彩回顾。（老师播放PPT照片，并作介绍）

尹老师：1978年，北京前门大街卖冰棍流动车。2018年10月24日，港珠澳大桥公路、口岸正式通车运营。

2. 比一比。

主持人甲：听了这么多，大家是否有收获？

主持人乙：接下来，就让我们来比一比，看看谁记下的改革开放知识多。

主持人甲：这次知识竞答采取抢答的方式，主持人念完问题后，同学们举手抢答，并由主持人选定最先举手的同学回答问题。

主持人乙：抢答正确有奖品哟！奖品请在活动结束后在×××领取。

主持人甲：那么就让我们开始吧。请听第一题——我国改革开放是哪一年？（1978年）

主持人乙：请听第二题：中美建交是什么时候？（1979年1月1日）

主持人甲：请听第三题：1980年，国务院在哪几个地方设立经济特区？（深圳、珠海、厦门、汕头）

主持人乙：请听第四题：家庭联产承包责任制是哪一年确立的？（1982年）

主持人甲：请听第五题："科学技术是第一生产力"是哪一年提出的？（1988年）

主持人乙：请听第六题：社会主义市场经济体制改革目标是哪一年确立的？（1992年）

主持人甲：请听第七题：中国是哪一年正式成为世贸组织成员的？（2001年）

主持人乙：请听第八题：2008年第29届夏季奥林匹克运动会是在哪里举办的？（中国北京）

3. 讲一讲。

主持人甲：同学们，大家虽然意犹未尽，但是时间催促着我们不得不进入下一个环节。

主持人乙：通过前面两个环节，我们已经对改革开放有了一些初步了解。下面，我们将邀请2位同学，为我们讲一讲他们知道的"改革开放40年的变化"。

主持人甲：首先，有请学生丙给我们讲述"衣着的变化"。

学生丙：从长辈们的叙述中得知，在改革开放前，农村居民生活条件差，买布靠布票，穿着是"新三年、旧三年、缝缝补补又三年"，那一句农村里流行的"一件衣裳，老大穿了老二穿，老二穿了老三穿"也是当年的真实写照。自改革开放以来，随着农民收入的增加、市场商品的逐渐丰富，人们开始追求新、美的穿戴消费理念，穿着更加讲求舒适大方，服装变得丰富多彩。各种皮鞋、旅游鞋、休闲鞋等不但式样新颖，而且穿着舒适，普遍为农民所接受。

主持人乙：接下来，有请学生丁给我们讲述"住房的变化"。

学生丁：妈妈常跟我说，30年前，许多家庭的住房都只有一间，几乎相同的布局就是用一张床或一个大立柜放在房屋的中间，拉上帘子把屋子隔成两间，前面是客厅兼饭厅。妈妈说，她们玩时只能以床入座，条件好些的能备上一两只小马扎或小木凳。孩子多的家庭还得设计成上下铺，而床后面就是另一间卧室与储藏室。现在，条件好了，人们大多住上了两室一厅或三室一厅，孩子们有了自己的"独立王国"，改变不言而喻。

4. 唱一唱。

主持人甲：同学们，大家今天一定有很多的感悟吧？如今的我们生活在新时代，生活充满了幸福和阳光。

主持人乙：是啊，如果说人生中也有春夏秋冬，那我想我们现在一定是生活在春天。那么，就让我们用歌声来讲述《春天的故事》吧。

（播放《春天的故事》伴奏）

主持人甲：同学们，我们生活在一个伟大的时代，过着幸福的生活。

主持人乙：我们一定要珍惜现在的生活，更加努力地学习，努力成为建设祖国的有用之才。

主持人（合）：我宣布，今天的班队活动到此结束。谢谢大家！

（活动结束，退旗）

5. 班主任讲话。

同学们，40年的风雨历程，伟大的祖国走得艰辛，走得精彩；40年的沧桑巨变，大江南北沧海桑田，日新月异。成长在新时代的我们，沐浴着改革的阳光，享受着改革的成果。没有改革开放，就没有我们今天的幸福生活。此时此刻，你们拥有了日益强大的祖国母亲。作为一名中国人，我们要永远热爱自己的祖国，以她为荣，为她骄傲，要用自己毕生的力量使她繁荣富强，屹立东方。作为一名小学生，我们要热爱自己的校园，以她为家，为她添彩，用自己所有的才智使她不断发展，生机盎然。

六、活动反思

通过了解改革开放40年历史，对改革开放的伟大成就和重要历史意义有更深入的了解；通过同学们讲述今昔改变，让大家切身感受改革开放40年对我们生活带来的变化、带来的幸福。以此触动同学们的心灵，让大家认识、认可改革开放，引导大家树立为党和国家、为人民福祉矢志不渝奋斗的伟大理想，促进大家更加努力学习。

活动方案展示Ⅲ

"世界清洁地球日"活动方案

一、活动对象

三年级五班学生。

二、活动背景

每年9月的第三个周日是"世界清洁地球日"。地球是我们共同生活的家园。随着工业化的发展，工业废料和生活垃圾的日渐增多，地球有限的自净能力已难以承受日渐沉重的压力。世界清洁地球日是全球性清洁活动，是由澳大利亚的国际环保组织 Clean Up the World 的伊恩基南发起，现为全球最重要的环境保护活动之一，每年全世界有超过130个国家、3500万人参加这个活动。

三、活动目的

保持地球家园的清新宜人，倡导大家要从我做起，不乱扔杂物，减少能源污染，维护地球的清洁，这就是本次活动的目的。

四、活动准备

1. 收集资料；
2. 制作多媒体课件等。

五、活动时间

9月14日下午。

六、活动过程

（一）认识"世界清洁地球日"

主持人甲：各位同学，下午好。我们今天的班会主题是"世界清洁地球日"，那大家知道什么是"世界清洁地球日"吗？

同学们：不知道。

主持人丙：地球是我们共同生活的家园。随着工业化的发展，工业废料和生活垃圾越来越多，地球难以承受越来越沉重的压力。

主持人乙：为了帮助地球母亲减轻压力，我们把每年9月的第三个星期天定为"世界清洁地球日"。

主持人甲："世界清洁地球日"是全球性清洁活动，现在是全球最重要的环境保护活动之一，每年全世界有超过130个国家、3500万人参加这个活动。

主持人丙：为了让大家更直观地了解"世界清洁地球日"，我们接下来看一段视频。

（播放视频一）

（二）讨论环保行为

主持人甲：世界清洁地球日已经受到全世界的关注和重视，社会各界也都积极参与。接下来，让我们通过视频看一看大家的环保行为。

（播放视频二、三）

主持人丙：刚才我们通过视频了解了一些环保行为，但是在我们的生活中，还有很多视频中没有提到的环保行为，让我们大家一起来分组讨论我们力所能及的环保行为。

主持人乙：我们分成4个组，每组确定1名组长，大家讨论2分钟，2分钟后，由组长来汇报小组讨论结果。

（讨论2分钟并分享交流讨论结果）

（三）学习《简单生活倡议书》

主持人甲：通过刚才的讨论，我们已经掌握了很多环保行为，为了更好地保护环境，我们应该从自己做起，从身边的小事做起。

支持人丙：为了让同学们掌握更多环境保护的方式方法，我建议大家一起来学习《简单生活倡议书》。

主持人乙：简单生活是一种高尚的人生态度、是一种纯真的生活方式，是一种处理好人与人、人与社会、人与自然之间关系的智慧做法，简单生活是心灵的一道风景线，它让向往者有追求，让参与者幸福快乐，让持续实施者一生富有。简单生活需要我们从身边做起，从点点滴滴做起。我们的简单生活约定如下，让我们共同遵守。

主持人甲：一、遵从自然规律、早睡早起。

主持人丙：二、穿着清洁整齐、简单朴素。

主持人乙：三、注意饮食健康，食用天然绿色食品。

主持人甲：四、科学合理，不大鱼大肉，不暴饮暴食。

主持人丙：五、节约水、电、煤气，养成用完关闭能源开关的习惯。

主持人乙：六、在洗东西时，用容器盛适量的水，不边洗东西边开着水龙头，让水白白流走。

主持人甲：七、在坐厕的水箱里放一个杯子，让每次冲厕所都可以节约一杯水。

主持人丙：八、洗过衣服的水可以用以拖地或冲洗侧所。

主持人乙：九、白天室内阳光充足时，不随便开灯，夏天把空调调至 26 ℃。

主持人甲：十、采用简单的出行方式，能走路骑车去尽量不坐汽车，能坐公交车去尽量不坐私家车，节省能源。

主持人丙：十一、自带杯子、餐具，尽量不使用一次性的杯子、筷子等用品。

主持人乙：十二、节约纸张，尽量两面使用。

主持人甲：十三、注意物质的循环使用，少制造垃圾。

主持人丙：十四、自己动手做家务。

主持人乙：十五、学会简单修理家庭用具。

主持人甲：十六、每天坚持一个小时以上的身体锻炼。

主持人丙：十七、多看书、看好书，让精神富足。

主持人乙：十八、学会与人平静交谈。

（四）总结

主持人（合）：同学们，让我们一起追求、享受简单生活吧！让我们轻轻走在大地上，体验孕育于自然之中的和谐与美，在原野中找到滋润灵魂的甘露，让河水更清，青山更绿、天空更蓝。"世界清洁地球日"班会活动到此结束，谢谢大家。

（五）活动反思

在平时生活中，同学们环保意识不强，对环保的重要意义也不了解。通过这次班会活动，同学们对"世界清洁地球日"有了更深入的认识，增强了环保意识，在生活中能更主动地做到环保节约。

活动方案展示Ⅳ

"学雷锋 树新风"主题班会活动方案

一、活动目的

1. 通过雷锋的生平简介及真实的故事，使学生知道雷锋的一生是全心全意为人民服务的一生，从而激发学生自觉地向雷锋学习。

2. 寻找介绍生活中的"雷锋"，使学生知道雷锋精神已在班集体中、在学校中、在社会上生根发芽，开花结果。号召更多的学生向雷锋学习。

二、活动准备

1. 收集一些雷锋生前的格言和先进事迹。
2. 观察生活中的"小雷锋"。

三、活动过程

主持人甲：同学们，你们知道每年的 3 月 5 日是什么日吗？是呀，雷锋，一个多么熟悉的名字！雷锋 1940 年出生在湖南望城县一个贫苦的农民家庭里，7 岁就失去了父母，成了孤儿。新中国成立后，在党和政府的培养下，成为一名光荣的人民解放军战士。平时他勤勤恳恳、踏踏实实，从平凡的小事做起，全心全意为人民服务。为此，他多次立功。1962 年 8 月 15 日雷锋因公牺牲时，年仅 22 岁。1963 年 1 月 7 日国防部命名他生前所在的班为"雷锋班"。同年 3 月 5 日毛泽东亲笔题词"向雷锋同志学习"。雷锋的一生虽然短暂，但他的光辉形象却永远留在世人的心中。让我们一起回忆一下雷锋的故事吧！

（一）讲雷锋故事

故事一：人民的勤务员

雷锋自己十分节俭，一双袜子补了又补还舍不得更换，却用自己每月仅有的 6 元津贴为全班战友们购买了学习书籍。他不仅自己认真学习，而且带动战友们学习，帮助战友们提高思想觉悟。1960 年，辽宁遭受重大水灾。雷锋悄悄给受灾的战友王大力家寄去了 20 元钱。在出发去灾区救灾时他又以一名解放军战士的名义把 100 元钱捐给抗洪救灾第一线。

故事二：助人为乐

一天，雷锋因公出差，踏上了从抚顺开往沈阳的列车。上了车，他看到旅客很多，连忙把自己的座位让给了一位老人。他看到列车员很忙，就又动手帮着扫地板、擦玻璃、收拾小桌子，给旅客倒水，帮助妇女抱孩子，给老年人找座位，帮助中途下车的旅客拿东西。一些旅客不住地招呼他："同志，看你累得满头大汗，快过来歇歇吧！""我不累。"雷锋是永远不知道累的。

主持人甲：同学们，雷锋的故事，当然不止这些！雷锋的故事，向我们展现了什么是全心全意为人民服务！所以，我们一直在寻找着雷锋的足迹，请听诗朗诵《寻找雷锋的足迹》。

主持人乙：说起雷锋，我们就不会忘记雷锋日记！雷锋在数百篇日记里记录了他成长的足迹，总结出许多人生的格言，留给我们一笔宝贵的精神财富。

（二）齐读《格言朗诵》

1. 人的生命是有限的，可是为人民服务是无限的，我要把有限的生命，投入到无限的为人民服务中去……

2. 一滴水只有放进大海才永远不干，一个人只有当他把自己和集体事业融合在一起的时候，才能有力量。

3. 一块好好的木板，钉子为什么能打进去？因为钉子有两个长处：一个是挤劲，一个是钻劲。我们在学习上也要提倡这种"钉子"精神。

4. 风里雨里，泥里水里，哪里有艰苦，哪里就有他的身影。

（三）评"小雷锋"

主持人甲：雷锋已经离开我们很久了，但我们都知道雷锋，并处处向雷锋学习，在我们的生活涌现了许多"新雷锋""小雷锋"，你发现了吗？

主持人乙：找找生活中的"小雷锋"，并说说他们的事迹。评评我班的"小雷锋"。（爱心捐款、帮老师抬水、给别人讲题……）

主持人甲：我们找到了那么多的"小雷锋"，你想对他们说些什么？那你以后有什么打算？让我们一起表一表决心吧。

主持人乙：本月是3月，是学雷锋月，你打算怎么过？

小结：结合"三八"妇女节，举行"妈妈您辛苦了，我们永远爱您"活动。鼓励学生为妈妈做一件好事：给妈妈端洗脚水、帮妈妈做饭、洗衣服等，从中体会妈妈的辛苦。要求学生把自己内心真实的感受用笔写下来，书信题目《妈妈，我想对您说》。

结合3月12日的植树节，对学生进行爱护花草树木的教育，进行松土、施肥、浇水，并对卫生区进行彻底清理，杜绝死角。

在学校里、在街上看见有困难的人，我们要主动伸出热情之手去帮助他们。

（四）齐唱《学习雷锋好榜样》

略。

四、活动总结

这次活动，大家体会到"学雷锋"的目的不是得到别人的赞赏与表扬，学习雷锋精神要从自己做起，从身边的小事做起，关心每个人，关心每件事，同学们要像兄弟姐妹般相亲相爱，生活才能处处都洋溢着和谐融洽的温暖。我们应该在日常的生活中发扬雷锋精神，使其成为生活的一部分，让雷锋精神成为我们的一份良好品格。最后希望大家能够发现多一些身边的"小雷锋"，更希望大家成为"小雷锋"吧！

活动方案展示Ⅴ

"寻找我的家规"主题中队活动方案

一、活动背景

家规是家风的一种具体体现，是无言的教育、无字的典籍、无声的力量，在日常的生活中影响着孩子的心灵，塑造孩子的人格。有什么样的家风，往往就有什么样的做人做事态度、为人处世伦理，家风甚至会影响人的一生。在中国传统文化中，家风尤显重要。在物质文化需求日益增长的今天，传统家风的传承显现出了更加重要的现实意义。我们在家庭教育中要帮助孩子树立正确的价值观。在开展传承家风的活动中，结合学生实际培育特色，把感恩、平等、宽容等理念融入其中。

二、活动目的

1. 了解家风家训具体含义及重要性，指引学生传播正能量，建设文明的家庭文化。

2. 培育学生社会主义核心价值观，培育文明风尚；增强学生文化自信和文化自觉,加强思想道德建设。

3. 理解中国传统文明礼仪,为"共筑中国梦"努力学习,做一个合格的小学生。

三、活动过程

(一)整队,清点人数。

(二)唱队歌。

(三)宣布活动开始。

主持人(合):敬爱的老师、亲爱的同学们,大家好!

1. 认识家风

主持人甲:小伙伴们,你们知道什么是家风吗?

主持人乙:我知道家风又叫门风,是一个家庭或家族多年来形成的传统风气、风格和风尚。

主持人丙:我还知道家风承载着一个家庭或家族的生活方式、生活态度、文化氛围、理念、价值观和人生观等,这些建构成一个家庭或家族独特的特色。

主持人丁:我们稍加梳理,解读一下历史,不难发现,许多长盛不衰、地位显赫的家庭家族,都会有各自兴旺发达的秘诀,那就是——家训,又可称为家风,它贯穿于整个家庭或家族辉煌的始终。

2. 听故事,明是非

主持人甲:在美国,有这样两个家族,一个是爱德华家族,一个是珠克家族。目前,两个家族都已经传到第八代。

主持人乙:爱德华是个博学多才的哲学家,为人严谨勤勉。他的子孙中,有13人当过大学校长,108人当过教授,86人是文学家,65人做过医生,21人当过议员,2人当过大使,1人做过副总统。

主持人丙:而珠克是远近闻名的酒鬼和赌徒,毕生浑浑噩噩。他的后代中,有300多人当过乞丐和流浪者,400多人因酗酒致残或早逝,60多人犯过诈骗罪或盗窃罪,7人是杀人犯,没有一个是有出息的。

主持人丁:为什么两个家族的境遇区别会如此之大?重要原因之一,就是两个家庭的家风截然不同。两个家族的成员一代一代地在不同的家风中潜移默化地成长,父传子、子传孙。致使爱德华家族让人尊敬、爱慕,而珠克家族让人憎恶、唾弃。

主持人甲：通过这个故事，我明白了，一个家族的振兴与发达，离不开引领家庭家族走向成功者所创立的家风和家教。良好的家风在人们的成长过程中起着关键的作用，是人们终生的财富。青少年在良好家风的熏陶下，会耳濡目染受到影响，按照良好家风的内容来规范自己的行为，形成良好的人生习惯，成就美好的人生。

3. 家风主题词

主持人乙：同学们，你们认为良好的家风是什么呢？

（勤劳、节俭、爱国、自强、敬业、诚信、友善、谦虚、礼让……）

（屏幕出示：遵守道德，诚实守信，重视学习，崇尚知识，勤俭持家，尊重劳动，家庭和睦，合理教子，尊老爱幼，邻里互助）

主持人丙：同学们请看，这些都是良好家风的表现形式。

主持人乙：同学们，家风是什么？我们一起读一读——家风就是做善事，不求回报；家风就是为人老实，不干坏事；家风就是小小举动创美德；家风就是常做好事，无怨无悔；家风就是心中有家，心中有国。

4. 诗歌欣赏

主持人甲：同学们，让我们听一听诗歌《家风颂》。

（播放视频）

主持人乙：中国是礼仪之邦，五千年的文化传承至今，深深铭刻在中国人的心中。

主持人丙：每个家，都有家训、家规、家风，俗话说得好，无规矩不成方圆。

主持人丁：从孟母三迁到岳母刺字，好的家训、家规、家风不仅承载了祖祖辈辈对后代的希望及对后代的鞭策，也同样体现了中华民族优良的民族之风！同学们，你们家的家风是什么？

主持人甲：有请同学们讲一讲自己的家风故事。

（交流）

5. 总结

主持人乙：人际有关爱，人间有仁义。

主持人丙：让我们装着家的期盼，怀着家的未来，为社会奉献自己的才智。

主持人丁：一个富强、文明、民主、和谐的国家就一定能够建成。

主持人甲：有请辅导员陈老师为今天的班会做总结。

辅导员：队员们，听着你们讲述着一个个家风故事，真让我感动。在良好家风的影响下，你们一定会成为讲文明、懂礼貌、有爱心、有孝心、有道德的好少年。其实我们班也是一个大家庭，我们的家风是什么呢？

（队员把班级家风的"关键词"书写到黑板上）

平时你们互相帮助，热爱劳动，学习积极进取，这也是我们的家风故事。希望通过这次班会，无论是在你自己的小家，还是我们的大家庭，都要传承良好的家风，共筑中国梦。

主持人（合）："寻找我的家规"主题班会到此结束。谢谢老师，谢谢同学们！

四、活动反思

通过队会，队员们在活动中深刻地认识到了什么是家风，良好的家风会给自己的生活带来积极的影响。活动中，孩子们参与热情高，课下自主排练、搜集资料，发挥了学生的主体地位。有一点不足之处就是活动形式比较单一。如果贯穿点情景剧、表演唱等形式，会更加活泼一些。

活动方案展示Ⅵ

"歌唱祖国"主题班队会活动方案

一、活动背景

在建国70周年即将到来之际，通过本次主题班队活动，对全班同学进行爱国主义教育，让学生永远铭记历史，珍惜今天来之不易的幸福生活，使他们深刻体会到祖国的伟大，为祖国骄傲，同时弘扬中华传统美德，培养学生优秀的品格，激发全体同学的爱国热情和报国之志，增强民族自豪感和责任感。

二、活动目的

1. 了解祖国，热爱祖国。
2. 激发学生的爱国热情，抒发自己对祖国的热爱之情。
3. 学生用自己喜欢的方式赞美祖国。

三、活动准备

1. 让学生收集关于祖国的知识，通过查找资料了解祖国，认识祖国的伟大。

2. 准备好祝福祖国母亲的贺词。

3. 练习歌曲：《今天是你的生日》《歌唱祖国》。

四、活动时间

2019年9月27日。

五、活动过程

（一）活动仪式

1. 清点人数；

2. 出旗、奏乐、行队礼；

3. 唱队歌。

（二）主题活动

1. 主持人开场白

主持人甲：祖国！多么神圣的名字。祖国！我们可爱的母亲。

主持人乙：我们为伟大的中华民族而骄傲，我们为拥有这样伟大的祖国而自豪。

主持人丙：走进十月，我们用一样的眼神凝望金秋；迎接国庆，我们有一样的感慨发自肺腑。

主持人（合）：四一中队《歌唱祖国》主题班会现在开始。

主持人甲：我们是中华民族的儿女。

主持人乙：我们是祖国母亲的后代。

主持人丙：我们是神州建设的后备军。

主持人甲：我们是共产主义的接班人。

主持人乙：1949年10月1日，新中国诞生的那一天，毛主席亲手在天安门城楼上升起了第一面五星红旗，同学们你们知道国旗是什么颜色吗？

主持人丙：知道，国旗是红色的。国旗的红色象征着革命。

主持人甲：我入队的第一天回到家时，妈妈告诉我："红领巾是国旗的一角，要好好珍惜它。"

主持人乙：听老师说，"红领巾不仅是国旗一角，而且还是无数先烈用鲜血染红的"。所以,我们要好好学习,为红领巾添光彩。

主持人丙:下面我们进入头脑加油站,通过《竞当小博士》的形式,看谁了解祖国更多。

主持人甲:同学们,国旗上有几颗星?(国旗上有五颗黄色的五星)

支持人乙:请问同学们大五星代表着什么?四颗小星象征着什么?(大五星代表着中国共产党的领导、四颗小星象征着全国人民大团结)

主持人丙:请问同学们中国的四大国粹是什么?(国画、瓷器、烹饪、京剧)

主持人甲:请问同学们,中国的四大发明是什么?(火药、指南针、造纸术、活字印刷术)

支持人丙:下面有请尹老师为我们播放多媒体(抗日战争时期、解放战争时期、建国初期、改革开放和现在)片段,感受现在的幸福生活。

2. 为祖国母亲献上祝福语

主持人甲:刚才我们欣赏了精彩的片段,让我们每个人都怀抱着对祖国母亲深深的热爱之情,一股浓浓的爱国情怀产生了。现在,为何不为祖国送上我们的祝福呢?

主持人乙:让我们一起来歌唱我们美丽可爱的祖国吧!请听诗朗诵《彩色的中国》。

生(齐朗诵):轻轻地打开地图,

我第一眼看到了彩色的中国,碧绿的草原。

金色的是沙漠。

蓝蓝的是大海。

弯弯的是江河。

在我们祖国的版图上,一片五颜六色。

就像盛开的鲜艳花朵。

面对这美丽的图画,我们放声歌唱;

我爱您——中国!

主持人丙:朗诵得太好了,我们的祖国风景如画,就像一座大花园。

主持人甲:是啊,我们的生活多么幸福呀!有多少中华儿女为了祖国的荣誉,为了追求幸福的生活而在努力地奋斗着……

主持人乙:当我们的奥运健儿勇夺金牌,五星红旗高高飘扬的时候……

主持人丙：当我们申奥成功的时候，当我们的"神舟九号"载人飞船发射成功的时候……

主持人甲：我们的心啊，无比激动，就像"咚咚"敲响的鼓点。此时千言万语汇成一句话：祖国，我为你自豪！我为你骄傲！

主持人（合）：祖国啊！我亲爱的祖国，铺开广袤的土地，我们描绘春色，轻轻地舒展枝叶，灿烂地开放花朵！让我们在您的怀抱中飞得更高、更远！四一中队《歌唱祖国》主题班队会到此结束。请全体同学齐唱《歌唱祖国》。

辅导员：伴随着《歌唱祖国》的歌声，我们这次班会进入了尾声。通过这次班会，加深了同学们对祖国的认识，了解了我们的祖国地大物博、物产丰富、民族团结、热爱和平，提高了我们的爱国情操和爱国热情。同学们回家后自己制作一份贺卡，写上你对祖国母亲的祝福。让我们把满腔的爱国情怀，对祖国浓浓的深情和炽热的爱，化为拳拳报国之心，献给敬爱的祖国，共同携手，用每一天的努力去开创无限美好的新纪元。

（三）呼号、退旗！

略。

六、活动反思

本活动先了解祖国的地大物博和中华人民共和国成立以来取得的伟大成就，再赞美我们敬爱的祖国。课堂气氛活跃，学生观看国"中国壮丽山川""新中国取得的伟大成就"，朗诵了诗歌《彩色的中国》。最后布置队员回家做贺卡写一两句话来表达自己对祖国的热爱之情。不足之处，教材设置了以赞美祖国为主题、学生自主参与、以个性化方式赞美可爱祖国的中队活动，但由于时间关系，学生个性化的参与没有得到充分体现，今后要留心这方面问题，给队员充分展示自己的时间，激发他们的表达热情。

活动方案展示Ⅶ

从小学先锋 长大做先锋

一、活动目标

70年来，在党的领导下，少先队坚持组织教育、自主教育、实践教育相统一，为党和人民事业薪火相传作出重要贡献。少先队应该是少年儿童学习中国特色社会主义和共产主义的学校，应该是建设社会主义和共产主义的预备队。新时代少先队员要热爱祖国，热爱人民，热爱中国共产党，树立远大理想，培养优良品德，勤奋学习知识，锻炼强健体魄，培养劳动精神，从小学先锋、长大做先锋，努力成长为能够担当民族复兴大任的时代新人。

二、活动准备

收集相关资料。

三、活动过程

（一）活动仪式

中队长：各小队整队，报告人数。（小队长向中队长报告）

中队长：报告中队辅导员，六二中队应到队员60人，实到60人，报告完毕。主题中队会各项准备工作准备就绪，请批准中队主题队会开始。

中队辅导员：接受你的报告，很高兴参加今天的中队主题会，预祝你们的中队主题队会圆满成功。

中队长：全体起立，出旗，敬礼。（播放出旗曲）

礼毕，齐唱队歌。

中队长：有请主持人。（主持人上台，班队会正式开始）

（二）主题活动

1. 介绍中国少先队队史

中国少年先锋队前身为中国少年儿童队，成立于1949年10月13日。但中国少年儿童的革命组织，从20世纪初的劳动童子团算起，已有接近100年的历史了。中国少年儿童运动发展的历史主要经历了五个不同阶段，不同的革命历史时期有不同的革命儿童组织。

2. 少先队的先锋作用

中国少年先锋队（简称"少先队"）是中国少年儿童的群众组织，是少年儿童学习共产主义的学校，是建设社会主义和共产主义的预备队。

"先锋"是为人民的利益走在前面的人，党以"先锋"的称号命名队的组织，是为了教育少年儿童学习先锋，继承他们的事业，沿着中国共产党开辟的道路勇敢前进。

中国少年先锋队以"先锋"命名的目的是要求每个少先队员从小学先锋，长大成为建设祖国的先锋模范。

中国少年先锋队的作风：诚实、勇敢、活泼、团结。

3. 宣读《习近平致中国少年先锋队建队 70 周年的贺信》

同学们各抒己见。

队员甲：学习了习爷爷的贺信，我心里感到无比光荣和自豪。习爷爷在信中勉励我们："新时代少先队员要热爱祖国，热爱人民，热爱中国共产党，树立远大理想，培养优良品德，勤奋学习知识，锻炼强健体魄，培养劳动精神。"我要从小学先锋、长大做先锋，将来长大了，努力成长为能够担当民族复兴大任的时代新人！

队员乙：我们现在的幸福生活都是先辈们、英雄们用鲜血换来的，获得国家勋章的英雄楷模就是我的榜样。他们用自己的生命诠释了什么是奉献，什么是价值。我想作为一名少先队员，我更应该怀着坚定的理想，努力学习，在星星火炬指引下，牢记历史，热爱伟大祖国，珍惜来之不易的幸福生活。

4. 辅导员提出希望，并宣布活动结束

四、活动反思

本次活动的开展，使队员们深刻感受到作为一名少先队员的光荣与自豪，同时也进一步增强了新时代少先队员的光荣感和责任感。少先队员们纷纷表示：我们要牢记习爷爷的教导，学会学习、学会立志、学会创造，长大了用实际行动为祖国繁荣昌盛贡献自己的一分力量！我们要传承红色基因，沿着革命先烈的红色之路，听党话、跟党走，时刻准备着，让胸前飘扬的红领巾更加鲜艳夺目！

活动方案展示Ⅷ

"爱眼护眼我能行"主题活动方案

一、活动背景

眼睛是心灵的窗户，是人体中最宝贵的感觉器官，可很多孩子对眼睛的重要性不重视。近视率、视疲劳率呈逐年上升趋势。做眼操时调皮学生常不好好做，班主任费尽口舌收不到效果，因此想利用集体的优势创造护眼氛围，增强护眼动力，普及护眼知识。

二、活动目标

1. 通过活动，使学生了解更多的爱眼知识。
2. 引导学生正确对待眼保健操，规范做眼操。
3. 培养正确的读书、写字姿势和良好的用眼习惯。

三、活动准备

收集爱眼护眼知识、小故事、PPT 等。

四、活动过程

（一）出示世界爱眼日，揭示主题

主持人甲：同学们，今天我们在这里开展"爱眼护眼我能行"主题班会，我特别邀请两位能干的孩子和我一起来开展今天的活动。

主持人乙：同学们，我先考考你们，你们知道每年的 6 月 6 日是什么日子吗？（世界爱眼日）

主持人甲：爱眼日其实就是呼吁人们要保护眼睛。为了使我们的眼睛永远明亮，养成良好的用眼习惯势在必行。

（主持人配乐朗诵）

主持人甲：眼睛是心灵的窗户，透过他们，可以感受到内心的真情。

主持人乙：眼睛是闪烁的星星，点亮他们，可以照亮整个夜空。

主持人甲：眼睛是百科全书，通过他们，可以阅读多彩的世界！

主持人乙：可是，不久前，咱们班一个同学有了新的烦恼！让我们仔细聆听她的烦恼。

（二）亲身体验，明确眼睛的重要性

1. 小眼镜的烦恼

主持人甲：我是一个活泼开朗的女孩，我的爱好是吃热面条。可每次吃面条，热气总是把我的眼镜弄模糊，我干脆摘下眼镜，但眼睛高度近视，又看不清东西。一次，我本想放点醋，却错把辣酱放在面里，辣得我一跳三尺高，疯一样地跑去找水喝，可是没走几步，就被凳子绊倒在地，半天挣扎不起来。唉，都是眼镜惹的祸！我觉得当飞行员可威风了，可是自从戴上眼镜后，妈妈就让我别做飞行梦了，因为飞行员对眼睛的要求很高。还有一次更惊险，我在操场上走着，突然一个篮球飞过来，我眼前一黑，不由一声惨叫："眼镜，我的眼镜！"可摸到的只是令人心碎的玻璃片。还好没伤到眼睛，不然，唉，后果真不敢想象。

主持人乙：听了她的烦恼，你们有什么想说的？

生1：还好，还好，我不是近视眼，看来我不用受这份苦了。

主持人甲：别忙着高兴，如果你不当心，也会成为我们眼镜一族的。

生2：戴眼镜真不方便，我得好好爱护眼睛。

主持人甲：有这个想法很好，还要见行动哦！

主持人乙：这个同学的经历告诉我们戴眼镜有多不方便，告诫大家要保护眼睛，我们真诚地谢谢她。掌声送给她。

2. 游戏体验

主持人甲：听了同学的经历，我们也来亲身感受感受。请几个同学到台上来参与。完成闭眼画画的任务，完成闭眼写字的任务，完成闭眼找座位的任务。其他同学也请你拿出笔和纸，闭上眼睛，写一句话或画一样东西。

主持人乙：请同学们睁开眼睛。下面我们的小记者要来采访大家。

小记者：请你说一说你刚才闭眼找座位的感受？

生1：只是从讲台走到自己的座位，我花了好长时间，还把自己的腿也撞疼了。

小记者：如果去的是陌生的地方呢？

生2：那后果简直不敢想象。

小记者：小书法家，看看你的杰作？

生2：唉，还什么杰作呀？我的书法作品还在学校得过奖，可现在，我写的字简直比幼儿园小朋友的还糟糕。

小记者：咦，你为什么把自己的画藏起来呀？

生1：这……这太难看了，我实在不好意思拿出来。

主持人甲：谢谢记者。是啊，同学们，我们的眼睛就像一扇窗，张开的时候可以看到多彩的世界，感受大自然的神奇与美丽。

可眼睛闭起来的时候，我们就会像一艘回不到港湾的船，因为没有灯塔，所以找不到家。要是眼睛瞎了，就不能做很多事，写字、画画、看书，甚至走路都困难。

生（齐读）：眼睛是如此美丽，如此重要，我们一定要小心呵护。

（三）找到原因，对症下药

（播放图片：错在哪儿）

主持人甲：可是，看看我们同学是怎样对待自己眼睛的呢？请看照片，你想说什么？

主持人乙：生活中还有哪些爱护眼睛的好办法呢？小组内交流。

1. 课间远眺、望望绿色。

2. 注意读写姿势。写字时眼离桌子一尺远，胸离桌子一拳远。

3. 不在太阳直射情况下、不躺着、斜着看书，走路时不看书。

4. 多吃新鲜的蔬菜和水果，尤其是胡萝卜等含多种维生素的食品，供给营养。

5. 定期进行视力检查。

6. 科学用眼。不过度用眼。

7. 改善学习环境，保证光线充足。

8. 科学用眼，劳逸结合。不要长时间观看电视节目、操作电脑和玩电子游戏。

主持人甲：我们把怎样保护眼睛编成了一首儿歌——保护眼睛我能行。我们加上自己的动作读一读。

保护眼睛真重要，小朋友们要记牢；

读书写字坐端正，眼睛离桌一尺遥；

走路坐车和躺着，千万不要把书瞧；

眼保健操天天做，一日两次不可少；

饮食营养要均衡，身体健康学习好。

主持人乙：眼睛有点累了，让我们一起来放松放松：做做爱眼健康操。

（音乐）

（四）保护眼睛，规范做眼操

实践活动：做眼操。

主持人甲：亲爱的同学们，接下来让我们一起规规范范做眼操。

主持人乙：眼保健操是科学的按摩法。对预防近视很有效哦！对已经近视的同学，也有延缓视力衰退的作用。

主持人甲：我们班很多同学眼保健操的穴位找不准，动作不够标准，我们一起再来学习学习。（看视频）

（要求认真观看，找到穴位，跟着做）

让我们跟着音乐，一起规规范范做眼操。

（主持人上台）

主持人甲：做完眼操真舒服！相信只要我们长期坚持，一定会有很好的效果。

主持人乙：送给大家眼保健操三字经：

指甲短，手洁净。力适度，合节拍。穴位准，手法正。做眼操，贵在恒。

生1：配上音乐我们一起来唱一唱。大家一起动起来，做喜欢的动作。

生（齐）：最后祝愿我们大家都有一双明亮的眼睛！

（五）班主任总结

老师：同学们，通过这次活动，我想大家对眼睛的重要性一定有了更进一步的认识，也能更加规范地做眼操了。其实，眼保健操在家也可以做。请孩子们当小老师，教家长做眼操，一起爱护眼睛，好吗？愿我们每一位同学都能拥有一双明亮健康的眼睛！齐读主题：让我们有一双明亮的眼睛。

主持人（合）：一（5）班《爱眼护眼我能行》主题班会到此结束。

活动方案展示Ⅸ

"感恩母亲，庆三八妇女节"主题班会

一、活动内容

本次班会借"三八"妇女节的机会，让学生们通过回顾母亲在培养自己过程中最受感动的一件事，经过"想、写、说、演、做"等系列活动，了解父母对自己的关爱，知道家长的辛苦和期望。

二、活动目的

1. 通过活动，使学生知道父母对自己的关爱，知道父母的辛苦和期望，激发学生爱父母和尊敬父母，进一步加深对父母的感情。

2. 通过"想、写、说、演、做"等系列活动，进行爱的教育，体会母爱的伟大，教育学生要孝敬父母。

3. 激发学生发奋学习，努力向上，不辜负家长的期望。

三、活动过程

主持人甲：尊敬的老师。

主持人乙：亲爱的同学们。

主持人（合）：大家下午好！《感恩母亲，庆三八妇女节》主题班会现在开始。

主持人甲：同学们，你们知道今天是什么日子吗？（同学齐答）

主持人乙：那同学们知道三八妇女节的来历吗？（抽同学回答）

主持人甲：请大家看大屏幕，三八妇女节的来历是——（带领同学一起朗读）

妇女节又称"国际妇女节"，是世界各国妇女争取和平、平等、发展的节日，节期在每年3月8日。一个世纪以来，各国妇女为争取到这一权利做出了不懈的努力和斗争。

主持人乙：所以，3月8日是妇女节，是奶奶、外婆、老师、阿姨们的节日，也是妈妈们的节日。

主持人甲：在我们的成长过程中离不开妈妈，没有妈妈，就没有我们。

主持人乙：没有妈妈的教导，就没有我们的成绩。

主持人甲：大家知道"妈妈"的英语怎么读吗？

主持人乙：是的，我们来看看"mother"这个单词的含义吧。

主持人甲：M（many）妈妈给了我们很多很多。

O（old）妈妈为我们操心，白发已爬上了您的头。

T（tears）妈妈为我们流过不少泪。

H（heart）妈妈有一颗慈祥温暖的心。

E（eyes）妈妈注视我们的目光总是充满着爱。

R（right）妈妈从不欺骗我们，教导我们去做正确的事情。

主持人乙：那我们来看看大家都了解自己的妈妈吗？大家可以积极回答，也可以在纸上写下答案。

（对照屏幕抽同学回答）

主持人乙：接下来让我们一起看一则漫画。

主持人甲：当我们还很小的时候，妈妈给我们买玩具，逗我们玩。

主持人乙：妈妈教我们穿衣服、绑鞋带、系扣子。

主持人甲：妈妈给我们洗脸，教我们梳头发。

谢：读书了，妈妈教我们做人的道理。

主持人甲：当我们长大了，有一天，妈妈会变老，头上会长出一根根白头发。

主持人乙：妈妈们也会忘记很多事情。

主持人甲：她们会像我们小时候那样，吃饭弄脏衣服。

主持人乙：她们会变得动作很慢，还会忘记一些事情。

主持人甲：我们要像当年妈妈照顾我们那样，好好爱她们。

主持人乙：妈妈给了我们那么多爱，我们该怎样爱妈妈呢？请同学们来说一说。（同学回答）

主持人甲：大家来看一看我们的感恩方案。（屏幕）

主持人乙：给了我们生命的人，是妈妈。

主持人甲：教育我们的老师也是妈妈。所以，请全体起立，让我们一起说——

生（齐）：谢谢莫老师，祝莫老师节日快乐！

主持人（合）：《感恩母亲，庆三八妇女节》主题班队会到此结束！下次再见！

三、做好"微广播"

学校实现了 IP 广播全覆盖，每周二、四的"微广播"有效地传播到各教室及办公室，让师生在短短的 10 分钟的校园广播里聆听"绿色"话题，传递正能量。

广播稿展示 I

主持人（合）：敬爱的老师，亲爱的同学们，大家下午好！

主持人甲：踏着轻快的脚步，沐浴着和煦的阳光，内江十小"声之韵"广播又和我们相聚在这美好的时刻。

主持人乙：本期"十小之声"由我们四二中队主播。

主持人甲：我是主持人李代奎。

主持人乙：我是张馨元。

主持人甲：每年的 3 月 22 日是世界水日，今天的广播的主题是：节约用水，从我做起。

主持人乙：同学们，你们一定都看过这样一则公益广告：电视画面上有一个水龙头，正在艰难地往外滴水，速度越来越慢，最后水枯竭了。然后画面上出现了一双眼睛，从眼中流出了一滴泪水。随之出现了这样一句话："如果人类不珍惜水，那么我们能看到的最后一滴水将是我们自己的眼泪。"

主持人甲：是的，水是生命之源，是万事万物赖以生存的基础。为满足人们对水资源的需求，联合国长期以来致力解决因水资源需求上升而引起的全球性水危机。1977年召开的"联合国水事会议"，向全世界发出严正警告：水不久将成为一个深刻的社会危机，继石油危机之后的下一个危机便是水。1993年1月18日，第四十七届联合国大会作出决议，确定每年的3月22日为"世界水日"。

主持人乙：地球是人类的母亲，她用那有限的资源哺育着地球上的万物生灵。但是近年来人们毫无节制的开采和浪费，使地球妈妈变得伤痕累累、不堪重负，整天愁眉紧锁、泣不成声。

从前我们认为，水是取之不尽的。然而，随着人口的与日俱增和工农业生产的飞速发展，人类的需水量也随之增长，水资源紧张的现实日渐突出。在我们周围，生活污水、工业废水、农药污染过的农田污水肆意排放，随处可见，给人们的生活质量造成严重的威胁。就是一块不起眼的纽扣电池，就足以污染600吨水，足以污染一平方米的土地！

主持人甲：多么触目惊心的数字。在我们周围，鱼儿跳跃，鸭鹅嬉闹，蛙声不断，流水潺潺的梦幻童年，正变成历史，成为将来的回忆。

主持人乙：是啊！地球上的物质资源是有限的，如果我们一旦失去生命之源，怎样才能去生存呢？

主持人甲：为了保护水资源，提高水的利用率，争创节水型学校，让我们用自己的实际行动，在日常生活中从点滴做起，树立良好的节水意识，养成良好的用水习惯。在此，我们向全体师生员工及广大学生家长发出以下倡议——

主持人乙：树立节约光荣、浪费可耻的荣辱观，充分认识、宣传节水的必要性和重大意义，树立良好的节约用水意识，养成良好的节约用水习惯。

主持人甲：尽量缩短用水时间，随手关水龙头。

主持人乙：对发生在身边的用水浪费现象，要敢说敢管，互相监督。

主持人甲：保护供水设备，发现水龙头、管道、马桶漏水要及时报修。

主持人乙：一水多用，洗脸水用后可以洗脚，养鱼的水可以用来浇花，淘米水用来洗碗筷、洗菜，再用清水清洗。洗衣水洗拖把、地板，还可以冲马桶。

主持人甲：洗澡时避免长时间冲淋，应间断放水淋浴。

主持人乙：用洗衣机洗少量衣服时，水位不要太高。

主持人甲：刷牙、取洗手液、抹肥皂时要及时关掉水龙头。

主持人乙："节约用水光荣，浪费用水可耻"，节约用水，从我做起！

主持人甲：3月22日是世界水日。每年的这一天，世界各国都会宣传：大家要爱惜水资源，保护生命之水。其实，不光在这一天，在我们生命中的每一天，都应该珍惜每一滴水。

主持人乙：让我们积极行动起来，时时、处处、人人节约用水，积极开展节水活动，保护好水资源，用实际行动珍爱生命之水！

主持人甲：相聚的时光总是那么短暂。

主持人乙：小小广播站，心系你我他，希望广播站能得到同学们更多的支持，也希望广播站能很好地为大家服务。

主持人甲：各位老师，各位同学，本期"十小之声"到此结束。

主持人（合）：感谢大家的收听，我们下期同一时间再见。

广播稿展示 II

主持人甲：当灿烂午后的阳光温暖着整个校园，采撷一缕阳光，编织成七彩的花环。

主持人乙：留住一丝清风，播撒出希望的明天。

主持人甲：付出一份真诚，打造充满爱的校园。

主持人乙：带走一片笑容，阳光与我们同行。

主持人甲：亲爱的老师们，同学们，大家中午好，这里是内江十小"声之韵"广播站。

主持人乙：今天的正午时光将由我们和大家一起度过。

1. 新闻直通车

主持人甲：首先，是我们的"新闻直通车"。我们给大家播报一下最近一周国内外的重要新闻。同学们,上周四,上级领导检查我校的安全演练,同学们整体表现较好。

主持人乙:你还记得上周五,我校进行"家风代代传"诗歌比赛吗?各班尽展风采,表现非常出色。

2. 美文精品屋

主持人甲:下面到了美文赏析的时间。今天我想与大家分享的是三(2)班的肖雅文同学的一篇习作《我爱你——秋天》。

主持人甲:金秋时节,景色宜人。你瞧,路边的花坛里,金黄的秋菊正绽放开笑脸,欢迎秋天,它笑得那么灿烂,那么迷人。远望田地里,金灿灿的玉米,白花花的花生,红火火的高粱,真诱人啊。你听,农民伯伯的欢声笑语,组成一曲丰收的交响曲。走进果园里,苹果红红的就像一个个红灯笼,让人看了垂涎三尺。那一个个梨长得跟宝葫芦一样可爱,那一串串紫色的葡萄就像一串串珍珠,晶莹剔透。

秋天,它象征着成熟,意味着丰收。啊!我爱你——秋天!

主持人乙:写得真棒。同学们,听了他的介绍,你们是否也喜欢秋天呢?

3. 生活小百科

主持人甲:关注生活,热爱生活,健康成长。同学们,你们知道秋天吃什么吗?今天的《生活小百科》栏目就会告诉你们,你们可要认真听哦!

主持人乙:秋天易得口腔溃疡,多食富含维生素b_2的食物。如香菇、紫菜、番茄、豆芽、豆角、豌豆、油菜等。

主持人甲:秋天干燥易便秘,多食富含膳食纤维的食物。如地瓜、白菜、芹菜、豆芽、香菇、海带、紫菜、卷心菜、胡萝卜、魔芋等。

主持人乙:坚果类食物可润肠通便,常吃五仁和蜂蜜。如杏仁、芝麻仁、核桃仁、松子仁、麻子仁。

4. 欢乐恰恰恰

主持人甲:快乐恰恰恰,生活好滋味。

主持人乙:笑一笑,十年少。下面,让我们来听一段笑话《会不会做啊?》轻松一下吧。

主持人甲:国庆放假,在亲戚家看到小朋友在做作业,就拿着作业本问我一道题怎么做。我看了看,一元二次方程,便问他是不是每次假期功课都超多？是不是觉得自己的时间太少？是不是觉得学校的家庭的压力太大？是不是好想痛痛快快玩几天？小朋友瞅了我一眼，问我："你是不是不会做啊？"

5. 结束语

主持人甲：亲爱的同学们，今天的校园之声到这里就要结束了。

主持人乙：亲爱的同学们，我们衷心地祝愿"声之韵"广播站能成为你的良师益友，愿它能带走你所有的烦恼，为你带去无尽的欢乐。

主持人甲：愿它能给你留下美好的回忆，伴随你度过金色的童年。

主持人乙：感谢大家的收听，本次播音到此结束，我们下期再见。

广播稿展示Ⅲ

主持人甲：老师们。

主持人乙：同学们。

主持人（合）：中午好！

主持人甲：今天，我们的《古诗欣赏驿站》正式跟大家见面了！

主持人乙：中华古典诗词是中华传统文化瑰宝，为了让中国儿童在中华优秀传统文化的熏陶下健康成长，教育部颁发的《义务教育语文课标标准》中强调了古诗文教育。

主持人甲：意在让我们重拾古诗兴趣，在古诗抒情言志的韵文形式下，陶冶情操，将祖国民族文化传承下去。

主持人乙：现在就让我们随着音乐的旋律，诵读古诗，歌唱古诗，将中华古典诗词唱响校园，唱响神州吧！

主持人甲：下面请欣赏唐代著名苦吟诗人孟郊写的古诗《游子吟》。

主持人乙：老师们、同学们，你们听了这首古诗新唱，是不是有一种想掉眼泪的感觉？这是一支亲切诚挚的母爱颂歌。

主持人甲：古诗用"线"与"衣"两件极常见的东西将"慈母"与"游子"紧相连，写出了母子相依为命的骨肉感情。这种骨肉之情通过母亲千针万线"密密缝"唯恐儿子"迟迟"难归的心情，以及作者用"谁言寸草心，报得三春晖"来讴歌：孩子像小草，母爱如春天阳光。孩子怎能报答母爱之万一呢？从而寄托了赤子对慈母发自肺腑的爱。

主持人乙：是啊，"向来多少泪，都染手缝衣"，下面请同学们跟着我们把这首古诗朗诵一遍吧！

主持人甲：《游子吟》孟郊。慈母手中线，游子身上衣。临行密密缝，意恐迟迟归。谁言寸草心，报得三春晖。

让我们再来欣赏一下这首古诗新唱吧，大家可以跟唱哟！相信在一遍遍的跟唱之中，你一定就会对这首《游子吟》心领神会的，也期待着你在校园的古诗歌唱比赛中，一展你的歌喉与风采！

主持人甲：老师们，同学们，在一遍遍的古诗歌曲唱诵中，我们深深陶醉在这阳光般的母爱中了，让我们也放声跟着唱起来，在歌声中来结束我们的这次广播，《古诗欣赏驿站》下周一再跟大家见面了！

主持人（合）：再见！拜拜！

广播稿展示Ⅳ

主持人甲：内江十小"声之韵"广播站现在开始播音。我是播音员蒲欣言。

主持人乙：我是播音员张馨元。

主持人甲：今天的广播是一期以心灵驿站为专题的节目。

主持人乙：是的！我们《心灵驿站》广播节目又和大家见面了，我们的口号是——

主持人（合）：有了烦恼不用愁，听听广播能解忧。

主持人甲：在这个栏目里我们将继续为大家讲述同学们在成长过程中的烦恼与开心，也为大家介绍一些心理健康方面的知识。

主持人甲：近来有许多同学向我们心灵驿站信箱投稿了，这儿很谢谢同学们对心灵驿站辅导老师们的信任。有不少同学向我们诉说了你们在生活、学习当中的遇到的烦恼及困惑，我们将在本栏目中对您提出的问题进行解答。

主持人乙：小明同学来信说的爸爸妈妈都是公司领导，他们从小就对小明要求非常严格，要求他不但要学习好，还要有多种特长。幼儿园时，小明就开始学画画和钢琴。爸爸妈妈常对小明说："现在的社会啊，竞争实在太激烈了，没有本事的人无法生存，一定要从小多学点本事，你看现在的大学毕业生很多找不到工作。"

主持人甲：所以，在爸爸妈妈的影响下，小明养成了凡事都不服输的性格，如果哪次考试没有进入前三名，他一定会大哭一场。为了达到处处争第一的目的，他在笔记本上记下了在各个方面超过他的同学的名字，专门去找这些同学的缺点，然后抓住机会对这些同学进行冷嘲热讽。就因为这个原因，尽管小明在班里成绩不错，可同学们都不愿意和他一起玩，竞选班干部时也不选他。小明很苦恼，希望能得到老师的帮助。

主持人乙：姑且不论家长这种行为是对还是错，关键是我们的小天使们以后该如何正确对待在人生道路上的种种竞争与合作呢？下面听听我们辅导老师的回复吧。

主持人甲：竞争可使人对活动产生浓厚的兴趣，克服困难的意志更加坚定，争取优胜的信念更加坚强。为了取得竞争的胜利，关键是要树立一种积极的心态，充分发挥自己的潜能。因此，良性的竞争首先是和自己比较，和自己竞争。要学会对自己进行前后的比较，看看自己哪些方面比以前有进步了，哪些方面比以前退步了，时刻反省，及时改进。如果只盯着过高目标，或在自己不擅长的领域也想短时间内超过别人，就不可避免地会受挫，自寻烦恼。

主持人乙：在竞争中，没有常胜将军，因此，要正确对待挫折，不要受挫了，就一蹶不振，破罐子破摔，或怨天尤人，而要怀有一颗平常心，胜不骄，败不馁，当别人超过自己时，要及时找不足，补缺补漏，迎头赶上才是良策。须知"没有对手的英雄也是可怜的"，所以尽管小明在班里成绩不错，可当遇到竞争对手时就去找这些同学的缺点，然后抓住机会对这些同学进行冷嘲热讽，是要改正的。

主持人甲：还要认识到这个世界上除了竞争外，还要有友好的合作关系。唯有竞争没有合作只能造成孤立。小明同学在竞争与合作中不能做到友好，这样就带来与同学关系的紧张，给自己也增添了许多烦恼，我们真心希望小明有个良好的心态：学会和同学公平竞争、学会和同学友好合作，他的快乐也将随之而来。我们祝愿小明同学早日走出苦恼，天天快乐！

主持人乙：亲爱的同学们，我们衷心地希望"心灵驿站"节目能成为你的良师益友，愿它能带走你所有的烦恼，为你带去无尽的欢乐；愿它能给你留下美好的回忆，伴随你度过金色的童年。为了使它办得更好，也真诚地希望老师和同学们能给我们提出宝贵的意见和建议，我们"心灵驿站"信箱继续欢迎全校同学的来稿。我们将表示衷心的感谢。心灵驿站——我们大家的朋友,让我们一起来关心它吧!

　　主持人甲:亲爱的同学们,今天的校园之声到这里就要结束了。

　　主持人乙:感谢大家的收听,本次播音到此结束,我们下期再见。

第三节　"细教育"模式

　　德育工作从细处着眼。无论是班辅教师的培训提升还是将德育思想融入大课间活动,内江十小德育工作处处都在"细"字上下功夫。

一、教师队伍"细"培训

　　学校结合校内实情,加大班主任专业化的培训力度,在"细"上"作文章"。学校除了送出去请进来培训外,每月还增设了两次优秀班主任经验交流展示活动,并颁发交流证书,不仅提高了交流老师的积极性,也使校内优秀教师的管理方法得以共享,大大提高班主任整体的管理能力与工作水平。

教师论文展示Ⅰ

营造积极向上的班级氛围
陈红彰

　　积极向上的班级氛围可以对学生产生强烈的感染力和渗透力。我就自己如何营造积极向上的班级氛围的几点做法跟大家做个简单的交流。

　　一、为了创设积极向上的班级氛围,首先从我做起

　　无论是站立的姿势、言语间的神态等,还是唱唱跳跳、运动运动,时时处处尽量以饱满的状态呈现在学生面前,让学生实实在在感受到老师是一个积极向上的人。尽管平常对学生的要求是挺严格的,但我会刻意地幽默幽默。学生们经常看到老师挺严肃的,时不时露点笑脸给他们,他们更会受到老师好心情的感染。尽管有值日生,我还是会经常在孩子们面前认真地给花台上的花草浇水、修剪,细心地打扫、收拾讲台、书桌等。我会刻意树立自己在学生心目中的形象，包括臭美臭美呀、显摆显摆自己的见识呀，就算有些知识自己也是刚百度出来的。我还会给学生们牵一牵衣领、红领巾，拍拍灰尘，抚摸抚摸他们的头，搭搭他们的肩。总之，就是让学生们感受到我对学生、对工作、对学习、对劳动、对生命、对大自然的爱，做什么就力求做好，潜移默化影响和带动学生，无声地为班级积极氛围起到推动作用。

二、注重教室里的环境打造

窗台上的花草，我尽量让它们保持生机勃勃，及时浇水、整理，时不时把花草的位置变化一下。尽量不让学生看到哪盆花草无精打采；持之以恒地监督和培养每个孩子每天定时定次收拾整理书包、桌椅和自己范围地面的习惯，定时抹洗桌椅，尽量做到地面、桌椅时时整洁。把教室后面黑板装饰漂亮，每次办黑板报，也尽量让学生感受到老师的认真和版面的美观。墙面上的评比栏，不流于形式，实实在在地用起来，发挥起推动学生力争上游的积极作用。

三、重视每一次参与的机会

活动或比赛，尽量做到大张旗鼓，浓墨重彩。从组织到选定人员，从准备到参赛，以及赛后的总结和奖励，让学生感受到老师的重视，认识到活动对自己和班级的重要性。对出了力的同学高调表扬，对获奖的同学高调奖励。奖励虽然也许只是一个小小的礼物，只是一张笑脸、几分操行分，但要激起学生内心积极向上的斗志。即使有时获得的奖励等级并不是那么好，我也会多带给学生正面信息，不让学生气馁，不让他们习惯落后。

四、注重奖励、评比、竞争机制

低年级我重点进行的是夺红花、笑脸、红旗、五星的评比，高年级重点在操行分的评比上。每周一由班干部贴上一周的操行考核表，由近20位班干部各自管理一个方面的操行考核，每周五总结，采用百分制，低于97分的同学周末罚写一则规定字数的日记。高于105分的则当场表扬鼓励，拍照发到 QQ 群里，还能得到一次免于打扫卫生的特权。高于110分的同学，可得到一次免作业的特权。当然这个特权其实不容易获得，但是一学期又得有那么几个小朋友获得，机会多了就会乱了套，没机会就是流于形式起不到激励作用。每周的分数将于期末总结起来，跟两个假期的作业多少挂钩。期末我也会在发学习上的奖励的同时，发操行考核优秀奖和进步奖。如果操行分太低的，就算成绩考得再好，也不能得到奖励。当然一定要保证评比的落实和公平性。每学期举行一次班干部竞选，从家长会上的鼓动到对上届班干部的总结表彰，从宣读本期班干部岗位的设置、要求到学生竞选稿的准备，再到全班进行班干部竞选演讲（就算不愿担当重任的，也要上台跟同学说说自己的一些想法），从新一届班干部的宣布到班干部工作职责安排会、班干部工作方法交流会，这些会用去不少的时间。新生入学家长会，就跟家长们提出注重课外兴趣活动的参与的要求和希望，让家长跟孩子一起设定下目标，至少朝着一个方向努力，至少有一个方面可以为班集体争光。每学期，我们会进行比奖状的活动，鼓励家长给孩子制作动画相册，把孩子的自豪时刻、荣誉等记录进去。

五、注重树立典型

学生习惯的养成过程，是一个长期而容易反复的过程，在他们身边树立典型，会对学生产生更直观和强烈的刺激。虽然没有明确地发奖章，但我会让学生在身边找到鲜明的榜样。通过比赛、举荐、展示、表扬、奖励等方式让全班孩子对某个榜样的至少某一方面产生发自内心的佩服。比如书写美观的榜样、坐姿端正的榜样、整理习惯的榜样、讲礼貌的榜样、讲卫生的榜样、课外知识丰富的榜样、有时间观念的榜样、习作能手榜样，等等。

六、注重目标设定、注重总结

每期初制定一次一学期的班级目标、个人目标，制订行为习惯上的阶段性目标。根据临时出现的问题，制定近几天的目标。除了特殊情况，我尽量做到了每天一次小结。班队活动结束后的一周小结，一个阶段一个目标的定期总结，一学期一次个人和班级目标总结。每个假期的作业也会有一项作业是达到一个小目标或者改掉一个小的坏习惯。在对所有习惯进行培养的同时注重一个一个小目标的落实。

七、充分发动家长的力量

每学期的家长会，除了让家长明确一期的班级总目标和努力方向外，也会根据不同学生的情况提出个人的一期目标。让家长在配合老师教育孩子的时候有侧重性和目的性。多把孩子参加比赛或者获奖时的照片展示出来，把奖状和荣誉证书展示出来，让家长体会到孩子参与的进步和获奖喜悦，激起家长让孩子上进的参与感。多拍照发到班级群里，调动起一部分对孩子放松管理的家长的积极性。我们班每周的班队活动，由学期初学生自愿报名主持，一次两人主持，老师定要求、目标、评比细则、由同学们当场评论、打分，根据等级加上操行分。我都会把大量的照片发到 QQ 群里的相册里，让家长们多点赞、多献花、多鼓掌，让家长跟孩子一起欣赏。这样，孩子和家长们参与的积极性提高，放学后自发到教室里排练，常常是老师催促还觉得没排练好。

多年的班主任工作让我从实践感到：班级氛围对学生的影响虽然不是立竿见影的，但是只要我们不断探索与实践，稳步推进，就会如同春风化雨润物细无声。

教师论文展示Ⅱ

引领孩子们走入青春前期

何飞燕

青春期是指由儿童逐渐发育成为成年人的过渡时期；指以生殖器官发育成熟、第二性征发育为标志的、初次有繁殖能力的时期。WHO 将青春期年龄范围定为 10～24 岁，我国一般定为 10～20 岁。

第一阶段：10～12 岁，青春前期；

第二阶段：13～16 岁，性征发育期；

第三阶段：17 岁以后，青春后期。

我们五六年级的孩子正好是 10～12 岁的年纪，正进入青春前期。这个年龄孩子的具体表现包括：

女孩：（1）喜欢唱流行歌曲，喜欢追星；

（2）开始有喜欢的男孩；

（3）爱美，喜欢穿较成熟的衣裙；

（4）身体开始发育，月经来潮；

（5）有的孩子看一些偶像小说或电视剧；

（6）自主意识逐渐强烈；

（7）爱玩手机，有的甚至网上交友。

男孩：（1）有些孩子也有了喜欢的女孩；

（2）爱冲动，爱起哄，同学之间矛盾多；

（3）爱打游戏，爱玩手机；

（4）和家长讲条件；

（5）情绪不稳定。

他们的共同表现是很多事不愿告诉别人，这要求我们老师密切关注学生的心理变化，使他们在学好的同时有一个健康的心理。

我的方法：

1. 写周记。

一般从五年级的下册我就开始布置每周写一篇周记。写自己的心里想法、秘密、困惑；写自己所知道的同学的事、写对同学的意见。这样我就很容易了解他们内心真实的想法，我会根据他们所写的进行开导，并努力保密。让他们能够信任我，愿意把心事告诉我，和我成为朋友。

2. 定期给家长写信。

把平时不敢对家长说的话，通过写信的形式写下来，告知父母，并要求家长回信。家长也会清楚孩子内心世界和家长自己做得不好的地方。这起到一个相互沟通的作用。

3. 利用体育课，把班上的女生留在教室里，针对她们存在的问题进行讲解，开导。

（1）穿着：不穿过短的裙子和短裤，穿少女内衣；

（2）理智追星；

（3）正确对待心仪的男孩；

（4）月经的注意事项。

4. 利用计算机课，留下男生开会，教育他们要有四得：学得、玩得、吃得、睡得。

（1）男孩子要学会对人对事大度些，洒脱些；

（2）找一个学习的竞争对手；

（3）培养一个正当的爱好。

5. 组织学生开展风采展示会。

该活动有助于增强学生对班级生活的热情，增强集体意识，同时增进他们的了解和彼此欣赏，并把重心转移到培养自己的能力上来，在班内形成一个较为和谐的人际氛围。可采取推荐和自我报名的方式，充分调动起学生的积极性，尤其要鼓励胆小内向的学生参加，力争人人参与。做到形式多样如背诗词、记成语、讲故事、演小品、唱歌、说英语等，这样很容易转移他们的注意力，更能调动他们的学习积极性。

6. 制订集体与个人的远、近期目标。

班集体的共同奋斗目标，是班集体的理想和前进的方向。所以一个良好的班集体应该有一个集体的奋斗目标，这个目标应是近期、中期、远期目标的结合，以提高学生的学习积极性，从而形成强大的班级凝聚力。

7. 经常和家长交流。

就班上的整体情况和学生的个体情况分别介绍，针对不同的学生提出不同的要求。要求家长对学生高标准、严要求。我认为：家长对学生的要求松一尺，学生对自己的要求就会松一丈。我就是这样一步一步带领孩子们走入青春前期，直到他们小学毕业的。

教师论文展示Ⅲ

以实践活动为载体，践行十小德育理念
郭秀红

"德育无处不在，德育唯有融入学生生活"才不会成为空洞的说教；只有在活动中，学生才会快乐参与；也只有在活动中，才能发展人。

小白鸽中队在学校各部门的引领下，借助学校的平台开展了各类实践活动。在参加这些活动的过程中，每位少队先员都以饱满的精神状态，虚心地去学习，认真地去观察，用心地去思考，取得了良好的实践教育效果，所表现出的良好精神面貌也深得学校、家长、社会各界的好评。

一、校园实践活动

学校让各班自己主办主题中队会就是一种实践活动。在这样的活动中，从学生自己或在家长的帮助下撰写活动方案等活动过程中，我们感

受到了他们的热情、积极性、创造性，这是实践活动的魅力。在活动中学生能够展现自我风采，提升学生间的合作，同时引领校园文明，倡导文明举止，积极营造文明氛围。比如：坚决不乱丢垃圾，主动拾起垃圾，捡到物品主动上交，文明监督岗的设立，让学生自己管理自己，做自己的主人，让同伴相互影响比老师的教育效果更突出。

二、践行感恩、理解奉献

感恩节是学校的重头戏。每年"三八"节、母亲节、"六一"儿童节，我都会让学生回家"做一做"——饭前给父母盛饭，饭后抢着洗碗，会做的家务事别忘了经常做，并且让家长记录他们的活动过程。这也是孩子觉得家长重视他们的一种方式。

三、人人落实学校的科技节，人人参与体育节、艺术节

科技节中小制作、科幻画，人手一件，作为节假日作业，并在班上先评选，根据班规做相应的加分奖励。这项活动旨在培养学生动手实践能力与创新、合作精神。作品的完成当然需要家长的带领、指导，不断摸索、实践、改进。制作的过程是学生最好的磨炼成长过程，养成了学生善于思考、知难而进、不服输的品质。这也是家庭亲子教育培养过程。这种一环扣一环的体验、一个困难接一个困难被战胜的感受、一次又一次逼近成功的喜悦，是科技实践类活动所特有的，这对孩子一生的成长弥足珍贵！

四、借助家长的社会平台，让学生们走出去，感受体验

在 2016 年 8 月 14 日和 2016 年 11 月 13 日，我中队大多数学生参与了社会公益活动。活动反响积极热烈，有第一次错过，第二次紧跟上的。这样的活动我们不能作为组织者，但我是私下与参与的一两个家长商议、讨论，让他们倡议、组织，我作为被邀请对象。活动中我也积极主动配合。两个活动下来，家长和学生反映效果还不错。从家长的角度，他们也希望多有这样的机会，让孩子体验参与。学生也乐在其中，也会受到潜移默化的影响。

五、我的感受

当然这些活动都要我们有足够的耐心和定力，始终坚持把这一件事

做好，不心浮气躁，还要花大量的时间精力去协调、组织、参与。这些活动应该取得了圆满的成功，但是也存在一些不足之处，比如：关注细节还不够，在教育的形式上还要多下功夫，社会实践的成果意识有待加强。

教师论文展示Ⅳ

班级管理从培养班委干部入手

汪　锦

低年级孩子自控能力较差，有的孩子学习自觉性不强，持久性比较差，但是他们活泼好动，有很强的表现欲望，他们的情感也逐渐变得更加稳定、丰富、深刻。针对一、二年级孩子的年龄特征，低年级的班主任需要更有耐心、爱心，从培养班委干部入手，从结合本班管理中遇到的实际情况出发，探索出一套具体的操作办法，以达到搞好班级管理的各项工作的目标。

一、班委干部的选举

一个班级能否正常运转，是否具有凝聚力，班级的管理是关键。要管理好班级，我认为首先就应该选拔出班干部。我采取了以下措施：

（1）一年级刚开始时因为我并不了解孩子们的情况，我并没有急于选出班委干部，而是采取轮值班委的方法，让五个孩子一组。这五个孩子当天既是班委，也是下午打扫卫生的孩子。在这种情况下，大部分孩子和家长都表现出积极参与的态度，从而也让我在平时的点点滴滴中观察孩子，也观察家长。

（2）经过一段时间的接触和观察，制定出相应的班委干部选举的制度，通过学生主动报名、上台演讲、征求科任老师的方法产生出班委成员。

二、一年级班委干部的培养

一年级班委干部的培养是重点，也是难点。因为在这个阶段，孩子们都才步入小学，很多事情都需要班主任带着做，很多事情还要耐着性子慢慢做，指导到位。我主要是从以下几个方面进行的：

（1）一年级上半期，我班是没有班长的，每个选出来的孩子都是班委。我将产生出来的班委成员根据他们自己的申请和平时的表现先给出一个岗位，并给出试用期，一般都是一个月为期限。试用一个月后再进行换岗，比如纪律委员和安全委员对换，劳动委员和卫生委员对换等，让孩子们每个岗位都去试试，也让我进一步对孩子们进行考察。

（2）制定出班委干部岗位细则，也就是每个人、每个岗位具体要做什么，利用课间分批次召集班委成员开会，一个一个地告诉他们要做的事情。这就需要班主任耐心、细心。

（3）为了让更多的孩子参与班级管理，也为了培养孩子们良好的学习和行为习惯，我设定了学习小组长和监督小卫士。学习小组长主要职责是收发本组的作业，检查语文背诵。监督小卫士主要是监督本组成员除学习以外的行为习惯，比如上节课结束后，监督同学做好下节课的准备，放好书本、笔袋等学习用具之后再休息；午自习监督本组成员的卫生情况，并及时报告给卫生委员。

（4）每周五的班队会后，我会留出10分钟时间，总结班上的情况，对班委成员的工作做出点评。同时以举手表决的形式，让其他孩子给班委成员投票。如果绝大多数孩子都不太满意的班委成员，在下一周会进入实习期，也就是跟随一个优秀班委干部学习。

三、二年级班委干部的培养

到了二年级，大家经过了一学年的磨合和了解，我改变了一年级干部培养方法。我结合一年级班委干部的使用和表现情况，根据班委干部职责细则，采取自己报名、同学评比、上期班委干部的操行评分三方面来确定班委干部，选出了一些得力的班委干部。具体的操作如下：

（1）首先确定班长和副班长人选。经过一个学年的接触以及根据孩子自身的能力，我选出了一个班长和三个副班长。班长统管全班，从培养班长的主控班级的能力入手。我会有意识地放手让班长参与班级管理，比如，我先确定班长和副班长人选，将班长和副班长集中起来开会，让班长给出他认为合适的人选。比如在选数学学习委员时，他觉得雷××同学特别认真，老师交代的事情雷××总是记得很清楚，而且数学成绩比较好，所以班长就推荐雷××同学当数学学习委员。有了一些候选人之后，再加上本人的申请和演说，再经过我的观察，综合科任老师的意见，最后选出各岗位的班委干部。后来事实证明，雷××在数学学习委员的岗位上干得很不错，收发本子、检查作业等都很仔细，我班的数学老师经常表扬这个学习委员不仅学习好，工作还很认真负责。

（2）对于副班长的培养，我从"细"字入手。主要是分工细，三个副班长一个分管"安全、纪律"，一个分管"学习、科技"，一个分管"劳动、卫生"。比如分管"纪律"的副班长，除了监督纪律、安全、小黄帽的工作之外，还要管理排队放学、集会的纪律。

（3）除班长和副班长的培养之外，我还注重对各班委的培养。比如学习委员，除每天的收发作业等，还要管理小组长的背书，特别是要在每天早自习、午自习时组织同学们朗读、学习。

（4）每周五班队活动后开展大家评选优秀班委、小组长的活动。一般采取举手表决的形式，对当周表现好、工作认真负责的班委干部提出表扬，全班同学会给这些同学报以热烈的掌声。如果干得不好的班委干部，同学们还要指出，这样也给这些班委干部一些压力。

（5）"不想当将军的士兵不是好士兵。"孩子们都十分想当班长，为了激励班委干部，我班每周还要确立一位值周班长。值周班长是从前一周星期五评选出的优秀班委中产生。值周班长的职责是在完成自己本来工作的情况下，协助班长管理班级的日常事务，另外低年级的孩子们很向往每天举班牌放学，他们觉得十分光荣。我抓住孩子们的心理，并且为了鼓励优秀班委，在他们当值周班长时让其负责举班牌、拿班牌回教室，孩子们都干得很起劲。到了周五，让孩子们给值周班长打分，做得好的值周班长不但可以加操行分，还可以得到"大拇指"。

（6）另外，为了让全班同学参与班级管理，培养小主人翁的意识，我班的孩子都有机会当一天值日生，在我班称为"值日班长"。值日班长的职责是下课协助卫生委员检查卫生、擦黑板，很多孩子都表现得很积极。

总之，通过一年级和二年级上期的培养，我发现孩子们都有一颗上进心，他们渴望得到同学和老师的认可，做事积极主动。班委干部基本能够胜任自己的工作，有的孩子还表现得相当突出。因为有了"值日班长""值周班长"的岗位设置，让孩子们都有机会当班长和班委干部，这样有利于班级的管理，有利于培养孩子们的小主人翁意识，增强班级的凝聚力和集体荣誉感。

教师论文展示 Ⅴ

班级管理中的"勤严细实"

罗 桃

作为班主任，我秉承着"德育为首，教育为主，育人为本"的指导思想，结合本班的实际情况，努力朝着"健康活泼，严谨治学，务实求知，努力进取，团结友爱"的方向目标迈进，从"勤严细实"四字方针来治理班级，做法如下。

一、"勤"是班主任工作的前提条件

正如俗语所说："一勤天下无难事"。要搞好班级工作，管理好学生，勤是不可少的。

1. 勤接触

首先深入学生中去，多方面去了解，掌握学生的思想、性格等，与学生形成融洽的师生关系和朋友关系，多与学生交流谈心，加强师生之间的心灵沟通，尽量让学生喜欢上你，又可以减少教育时的阻力。

例如：孙××和他的好朋友闹矛盾，冷战几天之后，他又想继续做好朋友，可别人不理他，他很难受，来找我帮他出点子，请求援助。

2. 勤表扬

俗语说："数君十过，不如赏君一长。"多表扬学生好的方面，通过这种积极的鼓励，形成一种良好的班风，激发人人向善的意识，从而达到管理班级的目的。

例如：李××、陈××、孟××、范××修补踏板，钟××帮助同学想办法擦洗黑板。

二、"严"是班主任工作的基础

1. 严于律己

只有以身作则，严于律己，才能达到"言传身教"的目的。
① 讲好课；② 有童心；③ 每天有创新；④ 有激情；⑤ 有爱心。

2. 严格要求学生

学习本身应该是自觉的，但学生本人有一定的惰性，要达到预想效

果，就必须严。只有严格要求学生，以班规来形成约束力，用纪律来约束学生，狠抓养成教育，才能使学生养成良好的行为习惯。

例如：

（1）发现谁的座位下有纸屑，就扣掉一个积分币，在过道处，就扣掉四周同学的积分币。因为大家都有责任爱护环境。

（2）排队上下楼梯，没有做到"安静有序靠右行"，也要按规定扣掉相应的积分币。

对学生违纪处罚的方式是多样化的，还可以用做一件好事来弥补自己的过错，或写一份关于错误的说明等，把处罚变为一种的自我教育。但是，严还必须与宽有效结合起来，灵活处理。做到"严中有宽，宽中有爱，爱中有教"才能达到预期的教育效果。

三、"细"是班主任工作的关键

1. 细心

做学生思想工作必须细心，使学生明白老师的用心。也只有细心做工作，才能使学生明理。明理则顺心，才会达到教育的目的。

2. 细思

一些错误，学生常会犯。我自己不断反复地思考：为什么会出现同样的错误？该如何来杜绝？经过细思后，促使自己想出一些较好的解决方法，从而根本上杜绝了学生再犯的现象。

例如：

（1）班干部竞选，大家都争着当班长副班长、中队长副中队长，没人愿意当劳动委员，还有家长苦恼在学校乖的孩子在家未必乖等问题。针对这些问题，我就利用孩子们喜欢听故事的心理，经常给他们讲讲《论语》《资治通鉴》中关于"品格意志、如何做人"等寓意深远的小故事，让孩子们能学会做人。

（2）每个孩子都有一本成长足迹日记，要求每周写上三件有意义的事情，可以是感恩、帮助父母做力所能及的事情、孝敬长辈，最后要父母签字。

（3）经常会出现"同学之间闹纠纷"等事件，当事人当时的心情肯定是"波涛汹涌"。为了迅速降温，我首先让当事人背靠背反思自己的错误，眼不见心不烦，一会儿就没事了。

（4）安全

若被小黄帽发现在楼道间疯跑，就罚当事人课间除了上厕所就回教室座位上玩桌游、下棋、撬小棒，让他静下心来，不要那么浮躁。没想到这一惩罚还激起了其他同学的兴趣，更多的同学参与其中，减少了课间的安全隐患。

四、"实"是班主任工作的保证

让班级事务都落到实处。"人人有事做，事事有人做"，实行"岗位负责制"。对班委干部、课代表和其他同学都有明确具体的岗位职责，班级的每一扇门、每一样物品、每一件工作都有负责人。例如：有负责电灯的同学，教室内光线暗时及时开灯，教室内光线明亮时或室内无人时及时关灯；负责讲台的同学，要保证讲桌的清洁、老师上课时有粉笔可写；电脑由设备委员负责；花草有绿化委员负责；等等。让学生人人有管理服务的岗位，让学生知责任、明责任、负责任，突出了学生群体参与的主体地位，强化了教师指导意识，淡化了教师管理职能，逐步实现了学生自我服务、自我监督、自我管理、自我教育。

教师论文展示Ⅵ

如何培养班队干部

张 莉

班干部是班主任的左右手，是班级管理的主力军。

班主任工作是一项繁重而细致的工作。要让学生在不知不觉中形成良好的习惯，从而形成良好的班风，那就要从培养小干部入手。

苏霍姆林斯基曾经说过："只有能够激发学生自己去自我教育的教育，才是真正的教育。"放手让班干部管理，既锻炼了他们的管理能力，又增强了他们的班集体荣誉感，在很大程度上调动了学生的积极性，更重要的是减轻了班主任的工作，那么如何培养班干部的管理能力呢？

一、细心发现，重点培养

刚进学校的一年级学生，都是懵懵懂懂的。班主任教师要细心观察，善于发现孩子的兴趣、爱好、特长、优点，并与家长配合，定向培养、重点培养，这样才能推选出各类人才，协助班务工作。

二、抓"大"放"小"

就学校的班主任工作来说，工作量大，任务繁多，每天工作分为几大块：守早读、收检作业、课间安全、排队做操、排队放学、下午的习会、放学的卫生。一日常规的管理必须细化，作为班主任的我只把控全局，把班中的事物也分成几大块由班干部去抓。比如：早读由学习委员牵头，分成五个组，每天领导和监督到位。如有个别表现不好的交由我来处理，放学监督补早读半小时。孩子们早读逐渐认真起来，久而久之就根本不用我亲自监督。家庭作业由小组长负责收发和检查，如有不完成的都由组长微信里告知家长并监督补上，特别是背诵，组长监督的效果比老师监督的效果更好。课间安全监督由安全委员负责，班主任教给方法，劝说、阻止，班主任只抓典型。排队放学和排队做操都由班长和体育委员负责带队，保证队列整齐以及阻止讲话、推搡打闹现象。每天的一日常规都由班长、纪律委员负责监督和管理。劳动委员负责一天的清洁卫生、课间的督促检查、放学后的清扫，他们有权扣分。灯长负责关电子白板、电脑、电灯等。有句话说："疑人不用，用人不疑。"既然放手让班干部去管理，就应该相信他们的能力，他们遇事会有他们的解决方法，如果他们的方法上有欠妥的地方，或思想上有不妥的地方，我才会从大局上考虑插手去管理。如果班干部在工作上遇到问题，我先让他们自己调节，调节不了的我再出面去做思想工作。我一般都会站在他们一边，教给他们操作的方式和方法，让他们有信心，敢作敢为。久而久之，班干部就能做到分工明确，各尽其职。

三、培养班干部正确的舆论导向

班干部是老师的左右手，在班中起主导作用。我每月召开一次班干部培训会，也是总结会。对每个干部一月的工作进行点评和总结。如有纪律违规的干部，我会指出错误所在，帮助其端正思想，一般停职两周，待改进后再上任。所以，我班有严格的班纪班规，班干部都能干又自律。

四、既做慈母又做严父

没有严格只有仁慈是对班干部放纵的管理，没有仁慈只有严格是对班干部粗暴武断的管理。严格与仁慈两者缺一不可。班干部犯了错，惩罚要比一般同学更严格;班干部在工作中遇到困难,要耐心、细致地开导,教给方法。对于班干部的培养和管理以及工作中尺度的拿捏,充分显示了一个班主任的能力和艺术。

总之,班级管理是一门艺术,班干部的培养更是一门深奥的艺术。班干部培养得好,班主任就很轻松,做事就会事半功倍。

教师论文展示Ⅶ

学习劳动　见证成长——养成教育之爱劳动
罗晓霞

我国伟大的教育家叶圣陶先生说过:"教育是什么?往简单方面说,只是一句话,就是要养成良好习惯。"

假期,学校大队部要求每班交学生家务劳动的资料照片。放假的时候,我就给孩子们提出了要求:利用闲暇时间,可以帮家人做做力所能及的家务事,并拍照传到我的邮箱里。当时,孩子们回答的声音是洪亮的,可现实却是残酷的。开学时,我问假期里哪些同学传了劳动的照片到我的邮箱,教室里是安静的。看他们一脸茫然的表情,我能感受到,别说什么劳动,这件事早就忘到九霄云外了。课后,有一个男孩过来,弱弱地说:"老师,我传了的。"我连忙查看电脑,果然有照片。我把这两张放到了班级QQ群里,并在班上对这个孩子夸张地表扬了一番。

一、意识养成

我感受到,孩子们根本就没有劳动的意识,觉得自己的任务就是学习,做完作业就该玩了,大人为自己做事是理所应当的。我告诉孩子们,爱劳动是一种美德。我们在慢慢长大,我们能,且应该学做一些力所能及的劳动,逐步培养爱劳动的意识。

不久后,一位家长问我:"老师,班上开展什么活动呀?"孩子回来都要帮我做事情,还说做了要传到群里。我笑着说:"做事好哇!"后来,我发现班级群里多了好多孩子劳动的照片。

二、目标养成

有了劳动意识,还应有明确的目标。

我问孩子们会做哪些事。当然，对积极劳动的孩子又夸张地表扬了一番，并引导孩子们明白为什么要劳动。劳动既可以帮父母，又可以学到生活的小本领，同时也锻炼了自己的自理能力。我让孩子们进一步明确目标：自己的事情自己做，做一些力所能及的家务劳动。

接着，我又激励他们，看谁能坚持下去。孩子们在生活中学习着，实践着。为了激励孩子们坚持劳动，上学期我们班开展了比劳动活动，用比赛的形式调动队员们的兴趣，分享自己的小本领，激发和调动他们学习的积极性，增强主动意识，逐步培养他们自己动手的良好习惯。

孩子们在比赛中，展示着，学习着，收获着。

三、习惯养成

习惯的养成不是一朝一夕的事。

我们班做清洁，孩子们由刚开始的只擦桌面，到抽屉、桌、椅的腿，都擦得干干净净。现在，孩子们每次擦完后，都知道把帕子搓洗干净。放学时，打扫卫生的孩子会把帕子晾到走廊的栏杆上。第二天，来得早的孩子会主动把帕子收回来，折好放进教室的桶里。

开展家务积分活动，每周由家长给孩子打分。

开展劳动比赛，坚持自己的事情自己做，做力所能及的家务事。孩子们从学劳动到会劳动，良好的习惯也逐步养成。

孩子们生活中的点滴让我们看到了孩子们在成长，良好的习惯正逐步养成。

小学生阶段是养成行为习惯的关键时期。我们在教育实践中，要以多种有效的方式来帮助小学生养成良好的行为习惯，从细节抓起，从现在做起，扎实有效地进行学生习惯养成教育。

教师论文展示Ⅷ

家校互动新平台——班级 QQ 群

杨 莉

伟大教育家苏霍姆林斯基曾说过："没有家庭教育的学校教育和没有学校教育的家庭教育都不可能完成培养人这样一个极其细微的任务。"由此可见，学校教育和家庭教育就像圆规的两条腿，两者紧密合作，才能画出学生圆满的人生。随着科学技术的迅速发展，为顺应时代的要求，也为了更好地满足家校联合教育学生的需求，我班于 2013 年 9 月搭建了家校互动新平台——班级 QQ 群。5 年来，这个方便、快捷、形象、直观的窗口，让老师和家长、家长和家长之间沟通交流更有效，促进了孩子们的健康发展。

下面就我班所建的 QQ 群在班级管理中的妙用浅谈以下几点体会。

一、开辟了教师与家长沟通新渠道

以往教育中，只要是学生出了问题，要么教师进行家访，要么家长被请到学校，教师、家长、学生三方对质，气氛相当沉重。如果处理不当，不仅会使学生产生抵触心理，还会使家长难堪，从而让学生背上包袱，对学校和教师产生恐惧心理。而在 QQ 群中，双方围绕孩子的问题，各抒己见、畅所欲言，交流更轻松、更自如。

二、QQ 交流更快捷、更直观、更方便

QQ 作为一种聊天工具，在使用过程中成本低、技术含量低，老少皆宜，同时不受时间及空间的限制，随时随地都可以进行，有效解决了教师和家长因生活及工作等各个方面的原因无法及时进行交流的问题。

（1）家长、老师利用 QQ 及时了解学生校内、校外新情况。例如，家长通过 QQ 平台向老师了解孩子在学校的学习、生活、心理、思想、行为习惯等情况。如孩子最近学习怎么样，和同学相处是否融洽等。教师也可以了解学生在家是否将学校所学到的东西，诸如礼貌待人、尊老爱幼、宽容大度等优秀品质落到实处。这就有效实现了家校联合、双管齐下，避免学生表里不一。

（2）利用 QQ 群展示学生作品。教师可将学生优秀作业、书画等作品拍照传到 QQ 群中，供全体家长和学生欣赏。

（3）利用 QQ 群随时解答疑惑。现在许多学校利用校讯通，以短信的形式向学生家长发送作业及相关信息，这样单向的行为不利于家校沟通。许多家长若有疑问要么打电话询问，要么自己揣测，其实并没有领会教师真正的意图，给教师的工作带来很多不必要的麻烦。而 QQ 群不仅能使家长和学生更快捷向老师反映自己的疑虑和困惑，也能使教师就某一问题统一向家长进行解答，提高了工作效率。

三、利用 QQ 群，加强班级凝聚力

班级的凝聚力从表面上看是巧用一股无形的力量将全体学生拧成一股绳，但深层的因素也不可忽视，那就是——家庭，更直白一些说就是每一位家长。一个家长对教师的定位和评价会深深影响到孩子，如果家长在孩子面前经常说一些对教师不满的话，那么这个孩子必定也是班级中的"问题学生"。此时教师应充分利用 QQ 群发自内心地和家长多沟通，以真心换取家长的信赖与支持，让家长甘愿做我们管理孩子强有力的后盾。得到家长的认可就等于在孩子心目中树立了威信，从而使全体家长和学生心往一处想，劲儿往一处使，这样才会产生强有力的班级凝聚力。

四、利用 QQ 群，加强家长与家长之间的沟通

孩子是父母的第一任老师，一个孩子最大的幸福就是能有一个懂教育的父母。教育孩子，每个家长都倾注了所有的心血，可有时孩子的表现会让我们觉得付出并没有得到收获，于是家长们充满了疑虑：究竟应该如何教育孩子？QQ 群为家长与家长之间的交流提供了一种全新的模式，群中家长们你一言、我一语，畅所欲言，相互取育儿经，了解自己孩子和其他孩子的差距，相互探讨，共同成长。

五、利用 QQ 群，建立学生成长档案

以往纸制的学生档案袋，占地空间大，且不易保存，同时还有一个缺点就是无法记录一些动态的资料。而 QQ 群就能弥补以上不足。比如，运动会上拍摄出孩子们冲刺的瞬间、篮球场上精彩的瞬间；"六一"儿童节，记录孩子们精彩的表演；公开课上，留下他们的精彩发言……这些无一不是鲜活的成长记录。闲暇之余，教师、家长、学生都可以重温过去的美好记忆。同时班主任也能随时进行资料查找和收集，撰写相关论文及材料。

六、利用 QQ 群，促进教师和家长共同成长

家庭是孩子人生当中的第一所学校，一个孩子最大的幸福就是能有懂教育的父母。关于教育和培养孩子，几乎所有的家长都倾注了大量心血，但是有时现实与期望存在着巨大反差。加上现代社会多元化、复杂化，未成年人思想道德教育是学校、家庭乃至整个社会所面临的一个严峻考验。所以，新时代的家长决不能抱着过去那种"棍棒底下出好人"

的守旧、传统观念。现在的孩子有思想，但自我；有胆识，但不明是非。这就要求家长除了要转变教育观念之外，更要有教育的艺术和方式、方法。

将信息技术引入班级管理是时代发展的必然产物，必将给班级管理带来新的飞跃。随着计算机、互联网等媒体技术的发展和学校现代技术装备的进一步完善，信息技术必将为班级管理增光添彩，发挥不可估计的作用。让我们合理、正确地利用QQ群，让幸福之花绽放在每一个家庭！

二、课间内容"细"设计

德育是一种潜移默化的教育和渗透。学校大课间活动融入德育歌曲，不仅有学校原创歌曲《一日常规歌》，还有《三爱歌》《牢记核心价值观》《中小学生守则》等经典歌曲，让"绿色德育""三生德育"思想沁人心脾，从而影响学生行为的转变，引导学生主动发展，实现学生自主管理。

德育歌曲展示Ⅰ

一日常规歌

我们都来争当"文明礼仪小使者"，快乐唱起《一日常规歌》：
我们信心百倍迎接崭新的一天！
十小人，习惯好，我们整洁进学校；
衣着齐，背书包，队员标志佩戴好；
一日之计，在于晨，早上时光把握牢；
升国旗，行队礼，你看校服多整齐；
唱国歌，要肃立，国旗下面志气高；
厚德力行信心足，我们永远爱祖国！
我们认真上课展风采！
到学校，有礼貌，见到老师问声好。
进教室，静悄悄，拿出书本快坐好；
尊敬老师爱同学，我们从小有礼貌！
专心听，认真想，积极发言大胆讲；
写作业，心要细，学习习惯就是好。

好好学习本领强，我们都是小博士！
我们课间有序炼身体！
广播操，眼保操，认真到位不浮躁。
不追逐，不打闹，课间游戏讲文明；
同学之间，讲友爱，互相帮助情谊深。
我们严格要求自己爱学校！
讲卫生，好习惯，纸屑果皮不乱抛；
节约水，节约电，人走水停灯关掉；
爱护树木和花草，校园环境多美好。
博通文理爱满天地，用才华点亮人生，用大爱创造品质！

德育歌曲展示Ⅱ

中小学生守则

一、爱党爱国爱人民。了解党史国情，珍视国家荣誉，热爱祖国，热爱人民，热爱中国共产党。

二、好学多问肯钻研。上课专心听讲，积极发表见解，乐于科学探索，养成阅读习惯。

三、勤劳笃行乐奉献。自己事自己做，主动分担家务，参与劳动实践，热心志愿服务。

四、明礼守法讲美德。遵守国法校纪，自觉礼让排队，保持公共卫生，爱护公共财物。

五、孝亲尊师善待人。孝父母敬师长，爱集体助同学，虚心接受批评，学会合作共处。

六、诚实守信有担当。保持言行一致，不说谎不作弊，借东西及时还，做到知错就改。

七、自强自律健身心。坚持锻炼身体，乐观开朗向上，不吸烟不喝酒，文明绿色上网。

八、珍爱生命保安全。红灯停绿灯行，防溺水不玩火，会自护懂求救，坚决远离毒品。

九、勤俭节约护家园。不比吃喝穿戴，爱惜花草树木，节粮节水节电，低碳环保生活。

德育歌曲展示Ⅲ

牢记核心价值观

我们手拉手，我们心相牵，
践行社会主义核心价值观，
二十四个大字牢牢记心间。
富强、民主、文明、和谐，
国家价值的目标，
鼓舞咱，嗨！鼓舞咱，嗨！
从小立志全面发展！
我们手拉手，我们心相牵，
践行社会主义核心价值观，
二十四个大字牢牢记心间。
自由、平等、公正、法治，
社会价值的取向，
指引咱，嗨！指引咱，嗨！
从小立志全面发展！
我们手拉手，我们心相牵，
践行社会主义核心价值观，
二十四个大字牢牢记心间。
爱国、敬业、诚信、友善，
公民价值的准则，
规范咱，嗨！规范咱，嗨！
从小立志全面发展！
从小立志全面发展！

德育歌曲展示Ⅳ

世纪的约定

富强 民主 文明 和谐
从中国到世界

自由 平等 公正 法治
越长久越坚持
爱国 敬业 诚信 友善
生长在我们心灵
生长在我们心灵
百年盛况天下复兴
时代的面前我们不惧前行
唯有风雨才见豪情
平生的约定我们铭记在心
富强 民主 文明 和谐
从中国到世界
自由 平等 公正 法治
越长久越坚持
爱国 敬业 诚信 友善
生长在我们心灵
生长在我们心灵
百年盛况 天下复兴
延续的文明 我们鼓舞前行
一字一句呼喊聆听
举国的梦想傲立世界之林
傲立世界之林

三、学生自我管理"细"安排

在学生自我管理方面，学校形成了形式多样的"小队"管理模式。如蒲公英小队、小黄帽监督岗等，从小处着眼，打造"小"队伍，营造"大"风貌。大队部成立"蒲公英"小队，其主要功能包括：其一，像蒲公英一样处处都有文明督查队；其二，像蒲公英一样把文明礼仪之花洒遍校园。在各中队设立"小黄帽"监督岗，课间十分钟，校园里的"小黄帽"开始文明监督及帮护工作。课间时光是安全的、文明的、愉快的。校园更加洁净，更加文明！

表 3-1　内江+小少先队"蒲公英"文明礼仪检查记录表

时间	地点	班级	备注

表 3-2　内江+小少先队"小黄帽"文明岗检查表

时间	地点	班级	备注

表 3-3　少先队卫生监督岗检查统计表

班级：

黑板	桌椅	窗台	走廊	门窗	书柜	墙面

表 3-4　少先队环保节约岗检查统计表

班级：

电灯	电扇	洗手盆	冲便器	拖把池

第四章　内江市第十小学校综合教育品牌与相关案例

第一节　社会主义核心价值观教育品牌与案例

内江十小坚持以育人为核心，遵循"博通文理、爱满天地"的办学理念，深入贯彻党的十九大精神，把社会主义核心价值观融入队伍建设、阵地建设、实践活动、校园文化等学校教育教学各个环节中，大力弘扬社会主义核心价值观，推进学校育人培养工作。

一、队伍建设，健全社会主义核心价值观教育组织

（一）加强辅导员队伍建设是重中之重

学校把少先队建设作为工作的基础。学校少先队大队辅导员带头宣传解读社会主义核心价值观，面向少先队员进行宣讲活动并安排各个中队做好宣传活动。

（二）加强少先队队伍建设是重要辅助

学校大队部每周一中午召开队干部例会，培养小干部管理少先队、热爱少先队的主人翁情感；建立队委学习、交流制度；选拔有责任心的队干组成红领巾文明礼仪监督岗、卫生值日小组，努力让更多的队员参与到少先队阵地的建设和管理中来。

二、阵地建设，创造社会主义核心价值观教育条件

（1）学校为少先队工作配备了良好的硬件设施，为社会主义核心价值观教育创造了良好的条件，有大队室、宣传窗、黑板报、公示栏、广播站、学校微信公众号、QQ 群等，有利于少先队组织开展各项活动。利用校园文化，营造社会主义核心价值观建设氛围。

（2）学校秉承"博通文理，爱满天地"的校园文化建设理念，构建健康和谐文化氛围，充实校园师生生活内涵，凸显学校办学特色，以校园文化建设促进社会主义核心价值观教育活动深入开展。

（3）班级文化是校园文化建设的重要组成部分，是班风、学风建设的主要载体，各班利用黑板报宣传栏营造积极的班级舆论氛围。学校班级宣传栏每月更新一次，每次由学校大队部确定一个主题，如"未成年人思想道德建设""中国梦""学雷锋精神，树高尚品德""争当文明小公民"等，通过班级的宣传栏活动促进精神文化建设。

三、开展各项活动，不断推进社会主义核心价值观建设

（一）注重新队员队前教育

每年 10 月 13 日"建队节"前，学校对即将入队的新队员进行少先队礼仪教育，学习少先队的章程，学习敬礼，教育爱护胸前鲜艳的红领巾，练习"准备着为共产主义事业而奋斗"的呼号，学唱激情昂扬的中国少年先锋队队歌，让学生在星星火炬的旗帜下接受思想洗礼。

少先队活动是少先队组织赖以生存和发展的生命源泉，是少先队的灵魂。少先队活动丰富多彩，吸引着少年儿童的注意，激发着他们向上的精神，培养了他们乐观的性格和高尚的道德情操。在"素质教育"和"新课程改革"的双重作用下，开展丰富多彩的少先队活动就尤为显得重要。充分发挥少先队的教育基地作用，不断丰富少先队活动是少先队工作的根本任务。通过形式多样的活动，为队员们搭建展示个人才艺与能力的平台，让队员们在活动中去体验、总结，以达到教育的目的。

多年来，内江十小少先队工作在各级领导的重视、关心和支持下，按照上级少工委、区教育局的总体部署，结合本校实际，求真务实，开

拓创新，将学校素质教育工作与少先队工作有机结合起来。突出德育为首，以爱国主义教育为主线，以培养新世纪的社会主义建设者和接班人为目的，一手抓思想教育，一手抓基础建设，认真贯彻落实了《关于适应新形势，进一步加强和改进中小学德育工作的意见》《公民道德建设实施纲要》和《中小学德育工作规程》，以丰富多彩的主题活动为载体，狠抓队员的日常行为规范的养成教育，进一步完善少先队整体建设，取得了明显的成绩，较好地发挥了少先队的培养教育少年儿童方面的作用。

少先队活动除了利用班队会开展各种主题活动外，还充分发挥小队和红领巾社团的作用，突出时代性、实践性、互动性。辅导员带领队员们走出书本，注重队员主动实践，引导队员们积极地探索、亲力亲为，获得解决问题的真实经验，从而培养自主、实践能力。这些有效、有趣的少先队活动极大地丰富了少先队员们的课余生活，为学校生活增添了绚丽的色彩，同时还让学生通过活动受到意义深刻而又铭记于心的教育。

（二）注重配合学校常规教育

为了把行为规范教育落到实处，大队部在学期初制定班队课活动主题。各班级将主题内容作为主题班会重点，发倡议，提要求，利用班队课组织学生认真学习贯彻《小学生守则》《小学生日常行为规范》，制定《小学生一日行为常规》。将每年9月份确定为班队"常规教育月"，在行为规范方面具体要求做到"五有五无"。五个有为课堂有纪律、课间有秩序、言行有礼貌、心中有他人、人人有进步；五个无为地上无纸屑、墙上无污痕、桌面无刻画、门窗无破损、卫生无死角。

案例Ⅰ

小学阶段是养成行为习惯的关键时期，一、二年级则是培养孩子良好习惯的最佳时期。为使一年级新生尽快适应学习生活，在各方面养成良好的习惯，学校一年级各班根据大队部的安排，利用第一周周五的班会课开展了一年级新生《行为规范养成教育》活动。班会课上，各班班主任从课堂常规、行为习惯、课间活动安全等各方面对孩子进行了广泛而细致的教育：组织孩子学习《小学生日常行为规范》；通过教坐、立、行、写等姿势，引导孩子养成良好的学习习惯；通过教礼貌用语、卫生礼仪，教育孩子讲文明、讲卫生；通过播放视频，培养孩子安全意识。老师们还教读富有童趣的《一日常规歌》，促进孩子逐步养成良好的学习、卫生等习惯。在有趣的互动小游戏中，孩子们彼此熟悉，相互了解，很快融入了新的班集体。教育就是让学生养成良好的习惯，而好习惯是由一个个的细节串成的。在好习惯的养成教育中，孩子们有了正确的行为意识。相信每一个孩子在老师的引领下，都能健康快乐地成长。

（三）队会主题教育，渗透社会主义核心价值观核心理念

（1）学校以"学雷锋活动月"为契机，在学雷锋活动月中，各中队通过召开"学雷锋精神，做文明学生"的主题班队会；出一期手抄报；学唱一首歌曲；讲一则雷锋故事；采访一位身边的雷锋；为同学、为低年级、为学校做一件好事；开展"红领巾一条街"校周边整治活动；做"感恩小雷锋"，为家庭、社区做好事；帮助生活、学习有困难的学生，成立"手拉手互助小组"；各中队成立3个学雷锋小队，利用课余时间在校园内外开展社会实践活动，让全体少先队员从雷锋精神中汲取营养，让社会主义核心价值观渗透内心。

（2）开展"日行一善"主题教育活动，让善行随我成长。为了进一步推进社会主义核心价值观教育活动，全校开展"日行一善"活动，要求学生为他人做一件好事，献一份爱心，从小培养孩子的爱心。家校联手大力弘扬中华民族传统美德，以培养良好的道德风尚，提高青少年的思想道德水平。

（3）开展"孝敬父母、尊师重教月"活动，让传统孝道成为社会新风尚。围绕"孝敬父母月"积极开展活动，如"孝敬父母月"活动启动仪式、感恩母亲国旗下讲话、"我为父母撑起一片天"主题队会、学生及家长同写亲情日记；各班就"百善孝为先"开展讲故事、演讲、手抄报、背诵孝敬名言警句等活动。

案例Ⅱ

9月9日下午，在学校大队部统一安排下，各班开展了"感谢师恩"为主题的班会。班会课上，各班举行了丰富多彩的庆祝活动。同学们有的朗诵富有激情的诗歌散文赞美老师，有的讲述身边老师耐心细致关爱

学生的感人故事，有的发自肺腑地向老师送上诚挚的祝福，还有的用歌声表达对老师深深的爱。学生们用不同的方式向老师们表达着相同的感情，那就是对老师无限的感激。通过开展感恩老师的主题班会，学生走近了老师，深深地体会到教师的无私和伟大，培养了学生的感恩意识，掀起了一股尊师重教的好风尚。

案例Ⅲ

为深入贯彻落实社会主义核心价值观、加强感恩教育，5月10日，三年七班和内江师院实践部携手开展了以"五月表真情，爱心献母亲"为主题的母亲节活动。

首先，师院实践部全体人员以饱满的热情为大家表演了《感恩的心》手语操，同学们也情不自禁地跟随着音乐声深情地哼唱。紧接着，师院实践部刘桦娟同学为大家播放了有关母爱的小视频。视频吸引了同学们的目光，也让他们为之感动。随后便是本次活动的高潮环节——组织孩子们制作母亲节贺卡。该环节得到了同学们的积极响应，他们激动地拿着画笔在彩色卡纸上写满对母亲满满的爱，似乎这小小的卡纸已经装不下、填不满他们对母亲深深的爱了。活动最后，三年七班辅导员刘慧老师做了总结，感谢师院实践部的精心组织，勉励同学们要感恩家人、感恩社会，做对社会有用的人。学校一直非常注重学生的感恩教育，将每年的5月定为"感恩月"，每年5月的最后一周举行感恩活动。在平时的德育教育中，也紧扣博爱、奉献，要求学生们爱家、爱父母、爱校、爱老师同学。每学期大队部都会安排感恩家庭、感恩父母的德育实践活动，传"孝道文化"，建"温馨家园"。

（4）开展"弘扬和培育民族精神月"活动，让传统美德熏陶情操。组织学生开展"七个一"活动，即举办一次知识讲座；组织一次主题班队活动；编发一期主题板报；观看一部革命题材的影片；组织一次读书活动；开展一次主题作文竞赛、革命歌曲歌咏比赛，在校园里营造人人参与的良好氛围；开展一次社会实践活动。充分利用本地教育资源，组织学生走出校园、走向社会，参观革命纪念馆、走访革命烈士亲属、优秀共产党员，调查家乡和人民生活发生的巨大变化。活动后组织学生以调查报告、演讲、绘画等形式畅谈、交流收获。引导学生树立热爱祖国、热爱人民、努力学习、为祖国的繁荣昌盛做贡献的思想。

（5）以"学道德模范、诵中华经典、做有德之人"为主题，开展"经典诵读"主题教育活动，引导师生爱党爱国爱家乡。

看：组织学生观看道德模范的先进事迹，朗诵中华经典文化，使中华民族优秀的文化遗产发扬光大，进一步弘扬中华民族传统美德；观看法制宣传片，提高学生知法、学法、用法水平，培养自我保护意识，珍爱生命。

诵：课前一吟，熟读成诵。充分利用每一节课前五分钟时间开展"课前一吟"活动，做到读而常吟，"学而时习之"。举办诵读比赛，激发学生热情。

唱：各班开展以"童心向党"童谣传唱为主题的系列班队会活动，各班出一期以"中国共产党"主题童谣为主要内容的黑板报。

讲：开展"道德讲堂"活动。学校把道德讲堂建设情况与创建文明城市活动结合起来，与全体师生精神文明创建活动结合起来。开辟多个宣传渠道，大力宣传学校道德先进人物的优秀事迹，营造"讲道德，做好人"的浓厚氛围。

帮：学校党支部开展"党员志愿者服务手拉手""帮扶留守儿童"等活动。开展"一对一"师生、生生结对子活动，帮助那些问题学生一起进步。

（6）开展诚信教育活动。学校作为首批四川省校园诚信文化教育试点，把诚信教育贯彻始终。通过"诚信知识竞赛""诚信手拉手""诚信手抄报""诚信观影"等活动，孩子们争做诚信之子。余×、胡×××、彭××等同学因拾金不昧，失主专程把锦旗、感谢信送到学校。诚信教育的种子在孩子们心中生根发芽，落实在他们的行动中。

案例Ⅳ

10月8日下午，内江十小开展了"全家总动员，诚信手拉手"主题活动。人民银行内江中心支行征信科科长孟丹、内江建行财会部经理李箭、内江十小总辅导员何宇、大队辅导员张婷以及3年级5班的老师、同学和家长参加了本次活动。

本次活动围绕"诚信"这一主题，通过歌舞表演、故事分享、"反假币"专业知识讲解等形式多样、内容丰富的节目，给在座的老师、家长和同学们上了一堂别开生面的"诚信教育"课。活动在同学们的歌舞表演《诚信之歌》中拉开了序幕。随后 2 名同学和家长代表分享了自己的诚信故事，用自己的亲身经历告诉了大家诚信的重要性，让孩子们明白了诚实是做人的根本要求和基本准则。紧接着，汉安立信金融服务队的工作人员现场为同学们讲解了反假币知识、如何识别假钞、最新钞票的印刷材质等，并在现场和家长们一起使用 QQ"扫一扫"扫描钞票来验证钞票的真伪。通过这样的互动方式，能让大家的感受更直观，让小朋友们自己识别假币，了解假币的危害，从小树立反假的概念。同时，工作人员还为大家带来了点钞、捆钞表演，并在现场邀请了 3 位同学及家长练习点钞，极大地提高了家长和同学的兴趣。活动中，汉安立信金融服务队工作人员还为内江十小三年五班的同学们发放了书籍，让同学们通过阅读的方式，多领悟诚信的道理。

活动最后，全体人员还进行了庄严的宣誓仪式：为人诚实，讲究信用，言行一致，信守诺言，内诚于心，外信于人！努力学习科学文化知识，积极参加社会实践，做一个对他人有帮助，对社会有益、有贡献的人。活动结束后，家长和同学们纷纷表示，在以后的生活中会更加注重诚信意识，做一个讲诚信的人。

案例 V

为进一步做好诚信文化教育工作，引导小学生从小树立诚信观念，诚信做人，诚信做事，促进社会道德建设，6 月 22 日下午，内江十小与人行内江中支、建行内江分行共同举行了"诚信在我心中——观看诚信教育影片"活动。随着小主持人蒲××激情澎湃的开场白，本次活动拉开了序幕。内江十小三年四班全体同学与建行、人行的领导及诚信志愿者共同观看了诚信教育影片《商圣范蠡》。影片讲述了助越王灭吴后隐退的"陶朱公"范蠡再次白手起家，诚信经商，最终累资数万，被人们尊为一代"商圣"的故事。影片通过活泼、有趣的动画形式展现了诚信的重要性，阐述了笃诚守信、诚信做人的重要意义，主题鲜明，且富有感染力和号召力，寓教于乐。同学们看得津津有味，时而开怀大笑，时而若有所思。影片结束后，同学们积极举手发言，争先恐后地分享了自己的观后感，有的还讲述了自己看到的、听到的或者发生在自己身上的关于诚实守信的一些小故事。他们纷纷表示，"商圣"范蠡诚实守信的行为，值得自己好好学习。在今后的学习和生活中，他们要处处诚信为本，时时以诚待人，努力学习，将来报效祖国。在孩子们分享观后感的过程中，现场的三位评委老师针对孩子的发言即兴提出了一些问题，问题涉及范围广，有很强的针对性和指导性。孩子们对答如流，展现了良好的心理素质和强烈的诚信意识，得到了评委老师的一致好评。诚信是中华民族的传统美德，也是社会主义核心价值观的重要内容，更是小学生的必备品质。

案例Ⅵ

为积极推动由人行内江中支、市发改委、市教育局、团市委四部门联合推进的内江市"一人一校一队"校园诚信文化教育试点工作，内江十小三年六班与建行于6月13日下午举行了"诚信伴我成长"主题班会。活动中，建行教育专家先就什么是诚信做了简单介绍，然后播放短片引导同学们展开讨论，穿插三个身边案例，采用趣味问答等互动形式让同学们回答开放式问题，还进行了和不诚信行为说再见的有趣游戏。在活动中，同学们积极参与、认真回答问题，纷纷表示要和不诚信的行为告别，做一个诚实守信的人。通过此次活动，大家认为，自己应崇尚"诚信"，远离虚伪、欺诈，把"诚信"作为同学之间、师生之间、家庭成员之间相处的基本原则；对自身或他人的行为及社会现象的"诚信度"有初步的评判能力，懂得"诚实守信"必须从自己做起，从现在做起，并落实到日常生活实践中。

案例Ⅶ

诚信是中华民族传统美德。孟子曾说过："诚者，天之道也；思诚者，人之道也。"在学校，同学们经常开展诚信主题教育活动，比如每周一表扬的那些拾金不昧的同学，他们就具备这种优秀的品质。12月31日下午，余×同学在自家楼道拾到一个男士手提包，里面共有现金4000多元，以及很多银行卡和一些重要的文件。她当时有点不知道该如何处理。她想：学校经常教育我们要做拾金不昧的好学生，而且这包里有这么多贵重的东西，失主应该很焦急！想到这里，她立刻请楼下小卖部的老爷爷帮忙找失主，这位老爷爷立刻报了警。通过警察的帮助，终于联系到失主。手提包失而复得，失主非常感激。为了表达谢意，失主特意制作锦旗一面送到了学校，以感谢余×同学这种拾金不昧的精神。

案例Ⅷ

六年六班的小学生胡×××、彭××同学拾金不昧的事迹在校园传播，老师和同学们都纷纷为他们点赞。6月25日下午，胡×××、彭××在回家途中捡到一个钱包。他们赶紧把钱包送到了临江社区警务室。据了解，钱包里有1000多元现金、数张银行卡。失主发现钱包丢失之后心急如焚，但没想到仅仅过了半小时左右，钱包就失而复得。激动万分的失主被两位同学拾金不昧的品德深深打动，特意写了一封感谢信送到学校，盛赞他们是拾金不昧"传统美德的传承者"。班主任罗老师说，学校坚持立德树人，将德育教育贯彻到教育教学中，引导学生从小事做起、从细节做起，争做"雷锋式"的好学生。胡×××、彭××同学拾金不昧的行为，充分展现了他们的高尚情操和精神面貌。像他们这样的学生，在十小还有很多。这是内江十小开展"新时代好少年"德育活动获得的丰硕成果。现在，学雷锋、拾金不昧、助人为乐等良好品德，已深深植根在十小每个学生心里，落实在他们的行动中。

（7）开展廉洁教育活动。根据学校、教师、学生的实际，多渠道多角度扎实有效地开展工作，积极推进廉政教育进课堂、进校园、进学生心灵，培养学生廉政高尚的道德情操，营造了浓厚的校园廉政文化氛围。

案例Ⅸ

2020年1月"家风代代传，甜城少年说"实践体验分享系列主题比赛活动在内江市廉洁教育中心举行。本次活动由内江市纪委监委、共青团内江市委、内江市教育局、内江市少工委联合主办。十小6名少先队员参加了现场活动。在观廉景这个环节中，十小红领巾小喇叭胡××、张××、何××、周××4名同学声情并茂地向180名参观人员讲述了内江廉洁人物,和大家一起接受了一次心灵的洗礼,体验感受廉洁文化的魅力。

在品廉韵这个环节中,十小雅墨社刘××同学与5名内江书法家现场创作廉洁书画。她的作品《出淤泥而不染》吸引了内江市副市长邢伟平等一行领导的眼球,得到了高度赞扬。邢伟平说:"希望你争当一名廉洁小标兵,做一个心灵纯洁、品德高尚的人。"

在颂廉语环节中,现场举行了红领巾小喇叭"讲好廉洁故事,传承红色基因"风采展决赛。十小雅诵社蒲××同学讲述了一个不平凡的普通人——隆昌市融媒体中心记者李杰的感人故事。她用真挚的情感和饱满的热情,将发人深省的廉洁故事演讲得慷慨激昂、震撼人心,赢得了台下听众的一致好评,并获得了一等奖。最后蒲××同学带领全体宣誓"坚定理想信念,爱党爱国爱人民,明事理,尚勤俭,知荣辱,讲正气,做一名崇廉敬廉的新时代好少年"。此次实践体验分享活动,通过观、写、颂等方面,将廉洁文化深根于广大少年儿童心中,少年儿童也用一个个生动感人的故事传承着中华民族的优良家风,唱响着崇廉敬廉的时代最强音。

第二节 "践行十爱"德耀甜城教育品牌与案例

"爱党、爱国、爱内江、爱社会、爱自然、爱家庭、爱学习、爱劳动、爱健康、爱人生",十爱,从党到国,从社会到自然,从家庭到个人,内涵丰富,意义深远。

"践行十爱"内容丰富,传承了精神文明倡导的核心价值内容,把社会主义精神文明建设的理想建设、道德建设、民主法治建设、教育科学文化建设、马克思主义理论建设和共产党自身的精神文明建设包罗其中。

"践行十爱"简明可操作性强,提炼出的十个主题简单通俗。有创新,避免了长篇大论。很接地气,避免了生硬的说教,易懂、易记、易学、易做。作为学校,能够结合自己的特点开展一系列有特色的具体活动。

"践行十爱"意义重大。通过学习"十爱"典型、聚共识、作承诺、见行动，弘扬真善美。让爱的力量成为内江城乡一道靓丽风景，成为全社会的思想共识和行动自觉，为建设幸福美丽内江提供源源不断的精神动力和道德滋养。

  作为内江儿女，要秉承十爱理念，树立政治意识、大局意识、核心意识、看齐意识。在新的历史阶段，我们要坚定信仰，要对党忠诚，严守党的纪律，维护党中央的权威。爱国，是每一个中华儿女与生俱来的情愫。对于内江人民来说，我们要培养强烈的爱国情怀，要积极践行社会主义核心价值观，做道德模范、做劳动模范，互帮互助，共建幸福美丽新内江。而爱社会、爱自然、爱内江则是每一个内江儿女应有的大局意识、责任担当。书画之乡非一日之功。内江因有无数情系家乡、扎根家乡、努力建设家乡的好儿女而日渐繁荣。爱家乡，则要保护好家乡的青山绿水，要宣传好家乡的文化风俗，要传承好书画之乡的优良传统。个人、家乡与国家是不可分离的整体，只有不断提高自身素养，加强学习，加强锻炼，才能更好地为建设家乡贡献更大的力量，才能为整个国家的繁荣昌盛贡献一己之力。

  践行十爱，是对内江儿女提出的要求，更是内江儿女应有的责任与义务。这就要求我们既要发扬好内江积极进取的精神，又要传承好内江革命先烈的优良传统，学习好文化知识，保护好一草一木，坚定绿色发展理念，做一个有责任意识的人，做一个崇高的人。让甜城变得更加美丽，更加繁荣。

一、围绕"践行十爱·清明祭英烈"开展"绿色德育"实践活动

（一）"缅怀英烈·传承精神"烈士事迹进校园活动

  2017年3月23日，在校园里，孩子们被一块块展示内江英烈事迹的展板吸引，大家驻足观看，细细品读，在历史记录中追忆英烈事迹，感悟英烈精神。

  当日，由市民政局、市文明办、市革命烈士陵园管理所联合举办的"缅怀英烈·传承精神"烈士事迹进校园活动在学校艺术厅展出。此活动共展出内江市革命先烈事迹32件。活动中，六年级的16名小小讲解员

声情并茂地讲述着烈士们的先进事迹，队员们认真倾听、用心记录。孩子们眼神中流露出对革命先烈们的崇敬之情。孩子们说，把烈士事迹做成展板到校园里来展览，并有专人讲解，能让自己了解很多英雄的壮举，宣讲活动很直观，很容易接受。

开展烈士事迹进校园活动，旨在通过宣讲内江著名烈士事迹，大力弘扬革命先烈的光荣传统，教育少年儿童学生珍惜学习时光、刻苦学习、勤奋上进。

（二）"践行十爱·清明祭英烈"扫墓活动

学校结合全市精神文化建设要求，开展"践行十爱·清明祭英烈"主题活动。活动现场学生以中队为单位向烈士纪念碑敬献花圈，并齐唱扫墓歌。市、区文明办向全市未成年人发出了倡议和鼓励，全体学生朗诵《又是一个清明节》荡气回肠。小小志愿者们现场讲述了英烈故事，少先队员共同完成了"和平家园"手绘，缅怀先烈，寄托哀思，传承红色基因、弘扬优良传统，努力学习、成长成才。

二、开展"学习雷锋精神 践行十爱"系列实践活动

（一）"我和小树共成长"系列活动

阳春三月，草长莺飞，万物复苏。在植树节到来的日子里，为了培养队员们爱绿、护绿、保护环境的意识，内江十小全体师生举行了"我和小树共成长"系列活动。

1. 举行升旗仪式主题活动，创设良好氛围

在雄壮的国歌声中，鲜艳的五星红旗冉冉升起，2000多名少先队员高举右手，向国旗敬礼。随后三年二班中队的53名少先队员表演了诗朗诵《去打开大自然绿色的课本》。在优美的音乐声中，队员们精神饱满，用铿锵有力、充满激情的朗诵向全校少先队员发出号召"亲爱的少先队员们，走，我们一起去植树！去呼吸山水间芬芳的空气，去打开大自然绿色的课本"。这次升旗仪式让孩子们懂得了每个人都应该行动起来，植树造林，绿化祖国，保护环境。绿色的信念、环保的意识，将在一代又

一代十小人中传承下去。

2. 召开主题队会，深入理解植树节

各中队纷纷以"植树节"为主题召开了队会，以丰富多彩的形式向队员们介绍了植树节的由来；宣传了护绿普及性知识。辅导员们向大家阐述了植树造林、绿化大地的意义。队会的成功召开，不仅让队员们获得了知识，更增强了大家的环保意识、生态意识。

3. "拉绿手、种春天"植树活动

学校两校区在植树节到来之际，组织大队干部开展"手拉手·共护绿"学雷锋植树节活动。十小大队干部在老师的带领下，踏着整齐的步伐前往太子湖科普基地参加植树活动。活动伊始，同学们齐唱《中国少年先锋队队歌》。接着十小大队辅导员介绍植树节活动的意义。队员们满怀激情地齐诵诗歌《我们种下绿色之心》。基地的叔叔细心地讲解了植树的要领以及日常维护树木的知识。随后大队干部和留守儿童结队，他们在园林工作人员的指导下，拿着铲子、水桶等植树工具，扶着树苗，挖着坑，灌溉着自己的劳动成果。看着自己种下的小树苗，队员们写下了自己的心愿，并把"愿望卡"挂上。有梦就有希望，有希望就有生机。春，是播种的季节，是希望的季节。在这美好的季节里，诚心播下希望之种，用心耕耘梦想之地，总有一天会收获成功之果。

队员们不仅增强了爱林护林、保护环境的意识，更以实际行动为美化内江，"践行十爱"作出贡献。

（二）"学习雷锋·内江志愿·携手圆梦"颁奖活动

学生们在活动当天表演了合唱歌曲《学习雷锋好榜样》《我们要做雷锋式的好少年》。同学们精神饱满、热情活泼、铿锵有力地唱出了心中对雷锋的敬仰和热爱，唱出了学习、发扬雷锋精神的热情，融入了自己对雷锋的敬佩之情。

（三）"雷锋事迹"展板进校园活动

宣传展板以生动的漫画形式向现场的少先队员展现了雷锋的点滴故事，诠释了雷锋精神——传承中华传统美德，一心服务他人，爱岗敬业，

勤俭节约、助人为乐、无私奉献。倡导全体少先队员大力培育和践行社会主义核心价值观：一要学习雷锋不计较个人得失、助人为乐的精神，热心帮助身边有困难的人，散播爱心，为营造和谐的社会的氛围贡献自己的力量；二要发扬雷锋的"钉子"精神，在学习上珍惜时间，刻苦钻研，多读书、读好书，努力培养各方面的能力；三要弘扬雷锋勤俭节约的精神，从身边做起，从我做起，节约一度电、一滴水、一张纸、一粒米，遵守纪律、爱护公物，做到心中有集体、心中有他人；四要继承雷锋严以律己的精神，自觉遵守校纪校规，不迟到、不早退，严格要求自己，做思想正直、品德高尚的学生，争做"学雷锋"活动的践行者。

第三节　综合实践品牌与案例

知行统一，社会实践，社会需要学生实践，学生渴望社会实践，社会实践在对学生意志品质、道德修养的培养方面发挥着课堂教学无法比拟的作用。以马克思列宁主义、毛泽东思想、邓小平理论、"三个代表"重要思想、科学发展观和习近平新时代中国特色社会主义思想为指导，全面贯彻党的教育方针，遵循学生成长规律和教育规律，以了解社会、服务社会为主要内容，以形式多样的活动为载体，以稳定的实践基地为依托，以建立长效机制为保障，引导学生走出校门、深入基层、深入群众、深入实际，开展实践活动；开展军政训练、生产劳动、志愿服务、公益活动、科技发明和勤工助学等，在实践中受教育、长才干、做贡献，树立正确的世界观、人生观和价值观，努力成长为新时代中国特色社会主义事业的合格建设者和可靠接班人。学校十分重视学生的社会实践活动，社会实践作为学校德育工作的重要课程已基本制度化、规范化。

一、假期实践活动

（一）"百名爱心小报童"

2016年11月13日，内江十小二年六班小白鸽中队20余名少先队员参加由共青团市中区团委、内江日报社、阳光励志营组办的"百名爱心报童"义卖捐助活动。

活动中，少先队员们身穿义卖背心，戴爱心小报童袖章，手拿报纸走街串巷：有的回到新华路、临江小区，有的来到大洲广场，还有的穿行在内江师范学院——他们有礼貌地叫卖，称呼行人，用他们稚嫩而真诚的内心、充满渴望的眼神和行为获得了爷爷奶奶、叔叔阿姨、哥哥姐姐的信任与称赞，也很快收获了每人10份报纸，1块钱1份的义卖款。

上午11点，大家陆陆续续返回大千园集合捐款。捐款仪式隆重而严肃，孩子们心怀感恩、奉献之心把沉甸甸的爱心放进捐款箱，这一举动获得了在场所有人的热烈掌声。

这次活动，二年六班小白鸽中队的20余名少先队员将内江十小"博通文理，爱满天地"之精髓再次发扬，十小人的爱心再次播撒在甜城这片热土上。同时，参加这次活动也让孩子们在社会实践中锻炼了自己：树立了自信心，敢于去与人沟通表达；培养树立了公益意识；学会了有礼貌打招呼，文明说话做事；再次感受体验了感恩、奉献的快乐。家长们也认为这样的活动有助于孩子成长。

（二）"街头送清凉"

2016年8月14日，内江十小二六中队开展了"暑期公益行，街头送清凉"大型公益活动。此次活动由内江市救助管理站、内江市社工协会和市义工联联合主办，在大洲广场启动。中队的35个队员的家庭分为7个小组走上街头，为酷暑夏季坚守在工作岗位的环卫工人、交警等送上了西瓜。当天上午7:30，义工们已在大洲广场准备好了西瓜，来自小白鸽中队的35个队员家庭也赶到了现场。队员们佩戴着红领巾，在家长的陪同下参与当天的"街头送清凉"活动。简单的启动仪式后，队员们纷纷走上街头。在中央路、街心花园、火车站等人流量较大的地点，都能看到孩子们送西瓜的身影。"这么热的天，叔叔阿姨好辛苦。看到环卫工人接过自己送上的西瓜，队员激动不已。这次活动让队员们知道了警察环卫工人的辛苦，下定决心不乱扔垃圾，不违反交通规则，要感恩为我们付出、带给我们干净安宁的叔叔阿姨。"

（三）"阳光假日跳蚤市场"

为了培养小学生树立正确的经济价值观，自觉养成节约资源、爱护环境、诚信友善的好习惯，2018年7月1日，内江市市中区文明办、关工委、区团委、区教育局主办的内江市市中区"阳光假日儿童跳蚤市场"主题活动在人民公园拉开了序幕。

十小的46名学生及其家长积极参加了此次社会实践活动。活动前，学生积极准备交易物品（书籍报刊、文具、玩具、手工艺品、学生书法作品等），精心布置自己的摊位。活动中，卖方学生热情积极推销自己的商品吸引买方，开市不到1分钟，有学生就卖出了自己的商品，握着自己第一次买卖的收获，情不自禁地露出了笑容。为了推销出自己的"商品"，"商家们"根据行情，讨论变换着销售策略。许多学生也买回了自己心仪的物品，连一些叔叔阿姨都满载而归。

"阳光假日跳蚤市场"活动让学生们实践活动中锻炼收获，培养了自己的语言表达能力和遇挫不息的良好心理，让他们有了初步的理财观念。活动过程中，学生们体验着劳动的艰辛，也学会了尊重劳动、尊重他人。

（四）"环保微炬汇"

"环保"已成为全社会特别是青少年最关心关注的社会热点问题之一。为此，四川省全面启动"玩具总动员"大型公益活动第三季之"环保微炬汇"活动。

活动由中共四川省委宣传部、四川省精神文明办、四川省教育厅、四川省环保厅、四川团省委、四川省科协、四川省少工委、中国环境出版集团有限公司8家单位共同发起。此外，中国环境文化教育专家委员会以及明天出版社、中青网、未来网等10余家单位、媒体作为支持合作单位共同参与了本季活动。

内江十小围绕"环保微炬汇"这一主题深入开展了少先队组织教育、自主教育和实践活动，让队员们在丰富多彩的活动中认识到环保的重要性，逐步树立和践行正确的环保理念，将"日行一为，点滴积累，让环保成为一种习惯"的理念深深植根于广大少先队员心中。

内江十小把"环保"教育与课程相结合，利用信息技术手段培养学生的自主能力，六年级五班兰×、李×同学构思、设计、制作的"微视频"——"环保微炬汇"就用自己的方式诠释了她们对"环保"的理解。大家都行动起来,从小事做起,从身边做起,让环保入"微"随行。

实践活动开展得有声有色,让孩子在社会实践中锻炼自己,树立信心,懂得感恩,同时也培养孩子们理财能力、合作交流能力,使孩子们从中接受到"公平交易""劳动快乐"等教育,更充分提高了他们的创新能力。

二、"观气象、讲诚信"研学旅行活动

队员们在气象局工作人员的带领下,参观了"三农专业办公室",近距离地观看了各类气象观测仪器,看到了卫星云图及各种气流图片和大量的气象数据,并通过视频及工作人员的讲解了解到"气候变化与太阳及人类活动的关系",亲眼见证了气象信息的来源。队员们还参观了天气预报的制作过程,在工作人员的引导下实际体验了天气预报的播报全过程。最后还近距离接触了人工降雨的高炮设备,了解到什么是人工降雨、人工天气的原理及防雹增雨火箭的构成及发射等。在一幕幕实践操作的画面中,队员们认识到气象与生活的密切关系,这是课堂教学知识所无法比拟的,这也是孩子们与大自然的一次亲密接触实践体验。

队员们不仅了解到天气预报需要经过"气象观测、数据收集、综合分析、预报会商"四个重要环节,最后才能形成"预报产品发布",而且还体验到在现代生活高科技的背后有无数的气象工作人员用他们精密的测绘、精确的采集、精准的计算分析、精心的准备,为人们的生活提供了便利。这些气象工作人员实事求是的科学作风、勤勤恳恳的工作态度,这也是孩子们应该学习的,踏踏实实学习,实事求是做人。

三、消防安全体验活动

学校领导、老师十分重视对学生的安全教育工作,定期组织学生到内江消防队参加安全知识培训及应急演练等活动。培训分为原地穿脱消防战斗服、参观消防车、使用干粉灭火器、原地佩戴空气呼吸器、收卷消防水带和烟热环境逃生等六个项目。

为学生普及安全保障知识，并且通过实践演练，让师生通过亲身参与紧急疏散演练，对应急疏散的程序、逃生知识有切身的体会，一定程度上加深了师生们对各类事故应急疏散和逃生技能的掌握，促进了学校的安全发展。

第四节　传统文化教育品牌与案例

中华优秀传统文化博大精深，凝聚着中华民族自强不息的精神追求和历久弥新的精神财富。党的十八大以来，以习近平同志为核心的党中央高度重视中华优秀传统文化的历史传承和创新发展，从中华民族最深沉的精神追求和最根本的精神基因、独特的精神标识和中华民族精神"根"与"魂"、最宝贵的精神品格和命脉的高度，定位优秀传统文化；从中华民族最基本的文化基因、最深厚的软实力与坚定文化自信的坚实根基和突出优势的高度，继承优秀传统文化；从涵养社会主义核心价值观的重要源泉、实现"两个一百年"奋斗目标和中华民族伟大复兴中国梦的重要精神支撑的高度，弘扬优秀传统文化；从推动中华民族现代化进程的长远战略高度，创新发展优秀传统文化，推进中华优秀传统文化的创造性转化、创新性发展，赋予了中华优秀传统文化崭新的时代内涵。

习近平总书记关于中华优秀传统文化的一系列重要论述，是习近平关于教育的重要论述的组成部分，是我们在新形势下做好教育工作的根本指引。加强中华优秀传统文化教育，既是当务之急，也是百年大计、千年大计；既功在当代，也泽及后世子孙、增进人类福祉。深入学习贯彻习近平总书记关于弘扬中华优秀传统文化重要思想，深刻领会其重要意义、思想内涵和精神实质，对于我们落实立德树人的根本任务，引导青少年增强民族文化自信和价值观自信，坚持道路自信、理论自信、制度自信、文化自信，培育和践行社会主义核心价值观，实现中华民族伟大复兴的中国梦，都具有长远的战略意义和重要的时代价值。

加强中华优秀传统文化教育，是当前我们面临的重要历史任务和重大时代要求，必须坚持知行合一，即认识与实践相统一、科学性与艺术性相统一、可操作性与可接受性相统一。

第一，加强中华优秀传统文化教育，必须认真学习领悟、深入阐发中华优秀传统文化的思想精华和文化精髓。要讲清楚中华优秀传统文化的历史渊源、发展脉络、基本走向，讲清楚中华文化的独特创造、价值理念、鲜明特色。要处理好继承和创新的关系，实现中华优秀传统文化创造性转化和创新性发展。

第二，加强中华优秀传统文化教育，必须继承和弘扬中华优秀传统美德。加强全社会的思想道德建设，激发人们形成善良的道德意愿、道德情感，培育正确的道德判断和道德责任，提高道德实践能力尤其是自觉践行能力，引导人们向往和追求讲道德、遵道德、守道德的生活，形成向上、向善的力量。

第三，加强中华优秀传统文化教育，必须加强爱国主义、集体主义、社会主义教育。坚持以事启人、以情感人、以理服人、以行引人，引导人民群众树立和坚持正确的历史观、民族观、国家观、文化观，不断增强做中国人的骨气、底气和朝气。

第四，加强中华优秀传统文化教育，必须树立文化自觉，增强文化自信和价值观自信。用博大精深、源远流长的中华优秀传统文化滋养自己，让扎根中国大地、具有时代精气神的中华优秀传统文化成为我们实现复兴、走向世界的坚实根基。

第五，加强中华优秀传统文化教育，必须将其贯穿国民教育全过程。特别是在学校教育中，要践行全员育人、全程育人、全方位育人。加强中华优秀传统文化类课程和教材体系建设，在中小学全面开展中华优秀传统文化进教材、进课堂、进头脑工作，在高校开设中华传统文化类课程，为学生提供丰富选择。把中华优秀传统文化全方位融入思想道德教育、文化知识教育、艺术教育、体育、社会实践教育各环节，贯穿于启蒙教育、基础教育、职业教育、高等教育、继续教育各领域。

第六，加强中华优秀传统文化教育，必须充分调动全社会的积极性和创造性。加大宣传教育力度，讲好中国故事。坚持全党动手、全社会参与，把中华优秀传统文化教育的各项任务分解、落实到农村、企业、社区、机关、学校等，形成齐抓共管、共建共学的新局面。

"不畏浮云遮望眼，只缘身在最高层。"中华优秀传统文化是中华民族的血脉和灵魂，是我国全面建成小康社会、加快推进社会主义现代化、实现中华民族伟大复兴中国梦的内驱动力的精神之源，也是中华文化走出去的外驱动力的力量之源。我们坚信，通过加强中华优秀传统文化教育，深入学习习近平总书记关于教育的重要论述，中华儿女一定会不忘初心，继续前进，求真务实，攻坚克难，为更好地共圆中国梦、造福全人类，作出新的更大的业绩和奉献。

学校结合中华传统节日及我市宣传主题等开展了一系列实践活动。

一、传承中华传统文化班队活动

学校结合学生实际情况，根据不同年龄段学生的特点开展"传承中华传统文化"班队活动。如经典诵读《三字经》《弟子规》，学习欣赏书画经典等内容，提高学生参与活动的兴趣，激发学生的爱国情感，让学生从小就树立立志成才、报效祖国的远大理想。

二、书画进校园活动

内江十小两校区举行小小书画家首届书画现场书画展示暨校园诚信文化教育活动。活动邀请了区委宣传部、市中区文化馆、市中区教育局、市中区文明办的领导和内江李果青先生等十余位书画名家莅临指导。

一大早，艳阳高照，校园鼓乐喧天，彩旗飘飘，人头攒动，十小2000余名师生整齐列队入场。众多书画名家齐聚校园，与内江十小144名、十小西区9名学生现场挥毫泼墨。

名家们洋洋洒洒，花草虫鱼栩栩如生，谆谆叮咛跃然纸上。书画家们深情寄语十小教师：厚德载物，德行天下，博爱和谐；殷切寄望十小学子：知识就是力量，玉不琢不成器，人不学不知道。

孩子们认真书画，展现自己的特长，显示自己的才艺和风范。全校学生有序地环绕着作画区，认真观摩，赞叹声不绝于耳。

作画完毕，名家们走进学生书画展区，与两个校区的孩子亲切交谈，鼓励他们要学好中国书画，做正直的中国人，并对孩子们书画进行针对性的指导，让孩子们受益匪浅。

活动不仅体现了内江十小在弘扬中华传统文化方面的阶段成果，而且极大地提高了学生书画的兴致，丰富了校园生活；推动了学校艺术教育发展，培养了学生欣赏美、展示美、创造美的能力。

三、传承红色文化

(一)"缅怀英烈传承精神"清明祭扫活动

为了缅怀革命先烈的丰功伟绩,弘扬爱国主义、革命传统教育,在清明节前夕,内江市第十小学校两校区开展了"缅怀英烈传承精神"为主题的清明祭扫活动。

六年级全体学生穿戴整齐,佩戴红领巾,手握自备白花,排着整齐的队伍从学校出发,来到内江市市中区靖民革命烈士陵园,对革命先烈们表示沉痛哀悼。在巍峨的革命烈士纪念碑前,队员们队列齐整、神情肃穆。在大队长、大队委的主持下,队员们怀着无比崇敬的心情瞻仰烈士事迹、敬献花圈、默哀、唱扫墓歌,还深情朗诵诗歌,寄托哀思。

活动中,烈士陵园办公室主任王平叔叔为同学们讲述了英烈感人事迹。队员们被革命烈士坚贞不屈的信仰,感动得热泪盈眶。低回的扫墓歌,表达了他们对革命烈士深深的缅怀和崇高的敬意。学校党员代表也在烈士纪念碑前重温了入党誓词,向革命烈士庄严宣誓:秉承先烈们的遗志,积极工作,更好地担负起党和人民赋予的神圣使命,为教育事业作出贡献。最后,全体师生集体绕行纪念碑一周,依次将白花摆放在烈士墓前,并深深鞠躬,表达对烈士的敬意与怀念。整个祭扫过程在庄重肃穆中结束。

活动朴素庄严,肃然有序,不仅缅怀了烈士,祭奠了英灵,更是一堂生动深刻的爱国主义、革命传统教育课,激励着同学们继承先烈遗志,传承先烈精神,树立远大理想,坚定信仰,发奋读书,用实际行动来告慰青松下长眠的烈士!

(二)"致敬·2020清明祭英烈"主题红色教育活动

2020年清明节前夕,学校积极组织开展了以"致敬·2020清明祭英烈"为主题的红色教育活动。此次活动分为网上祭扫和线下实践。根据各班级情况,组织学生在网上开展向先贤先烈鞠躬、献花、签名寄语,线下手绘"致敬·英烈"主题手抄报、征文比赛等各种祭奠活动。

活动安排后,全体同学积极行动起来,老师们利用线上学习时间,宣传革命先烈的英雄事迹,缅怀他们的丰功伟绩,对同学们开展革命传统教育，号召同学们继承和发扬革命先烈的精神。随后，同学们纷纷登录中国文明网"网上祭英烈"界面进行网上祭拜，他们浏览革命纪念馆和英雄人物先进事迹，向烈士鞠躬，把亲手制作的小白花恭恭敬敬地放在电脑前，神情肃穆，唱起《中华人民共和国国歌》《中国少年先锋队队歌》。留言板上，同学们用质朴的文字表达对先辈英烈的缅怀和思念，他们表示要继承先烈遗志，把先烈们的优良传统发扬光大。六年级开展以"致敬·英烈"为主题的征文比赛，字里行间，透露出同学们对革命先烈深切的怀念和无限的哀思。

通过一系列祭英烈活动的开展，孩子们进一步了解革命历史，接受了传统教育，更深刻地体会到了先烈们那种坚贞不屈、英勇无畏的高贵品质和革命精神。同学们纷纷表示要以实际行动表达对革命先烈们的感恩怀念，向英烈们学习，以他们为榜样，为实现"中国梦"而奋斗。

征文展示 I

向英烈致敬

内江市第十小学校 六年六班 秦启坤

古往今来，多少革命先烈们为了新中国的解放，为了能让全国人民过上幸福的日子，他们不惜牺牲自己宝贵的生命来换取每场战斗的胜利。曾经的中国，志强国不强。但，靠着你们的这份义志，硬生生地打下了一片新中国，守护了这片土地。你们，是新中国最伟大的骄傲！

古代的人们认为，清明节起始于节气。《岁时百问》一书曾做解释：万物生长此时，皆清洁而明净，故谓之清明。显而易见，清明节是因它所处的时令，在光照、气温、降雨等各方面俱佳而得名。后来，晋文公为了纪念忠臣介子推，把这天叫作寒食节（也就是今天的清明节）。久而久之，清明节就成为拜祭祖先的日子，是中华民族的传统节日。

清明节当天，我们来到安葬烈士们遗体的墓地，手捧一束束百合花，触摸着他冰冷的坟墓，我不禁感到满心伤感。这里躺着的不是烈士们的遗体，而是人民的救星、人民的功臣。他们的肉体虽然被埋进了墓地，但是他们的精神却永垂不朽，并且一代代地传承下去，激励着我们后人学习！

多少革命英雄相继牺牲。但是，我们并没有气馁，反而越战越勇，最终打倒了日本侵略者，夺回了这片本该属于我们中国人的领土。

我们不会忘记那些为中华民族崛起而斗争的、曾把鲜血洒在人民解放道路上的英雄们。无数无名烈士，愿你们长眠，永久安息。致敬！无数知名烈士，愿你们的英雄故事永久传承。致敬！为祖国而战的战士，愿你们永远荣耀。致敬！

征文展示Ⅱ

向英雄致敬

内江十小六年二班　刘蓓研

2020年的春节如期而至，全国上下一片祥和、喜庆，辛苦了一年的人们正沉浸在热闹而幸福的节日氛围中，一场意想不到的疫情却悄悄走进了我们的生活……

新型冠状病毒传染力极强，控制疫情、防控攻坚已成为当务之急！作为老百姓，我们居家不外出即可。但无数已被感染的患者怎么办？防疫重担谁来挑？整个中国的疫情控制谁来做？是他们，一群群可爱的人！一个个为我们负重前行的英雄！一声令下，来自全国各地的医务志愿者匆匆告别家人，直奔武汉，他们勇挑重担，敢打硬仗。面对疫情，毫无畏惧，有的只是一颗为人民服务的心！他们戴着口罩，穿着防护服，每天都在与病魔作斗争，用自己的生命捍卫着祖国的安危，为人民搭起了一座通往希望的桥梁。每当在电视上看到他们疲惫的身影，布满深深印痕的面孔，和衣倒地休息的情景……我都好感动。辛苦了，白衣天使们，谢谢你们！是你们如同战士般在与时间赛跑，与病毒较量；是你们让大家很快看到了希望。我们在后方等你们凯旋，加油吧，战士们！你们是英雄。向英雄致敬！

此外，我还要向钟南山、李兰娟两位院士致敬！你们让大家别去武汉，别出门，而自己却义无反顾地冲向了前线，全然忘记自己已是七八十岁的高龄了，本是安享晚年的年纪，却在祖国需要自己的关头选择了逆行，这究竟是一种什么样的精神？也许在你们的心里，为人民服务本是人生的宗旨，就如李兰娟院士所说：工作是美丽的，能为抗击疫情作点贡献才是快乐的。是呀,多么朴实的话语,多么伟大的精神!老一辈的战士们,你们是好样的,向你们致敬!

疫情防控道路上的英雄太多太多,正是有了这些默默付出的英雄们,我们的疫情防控才取得了空前的胜利。目前,人们的日常生活已慢慢恢复,并且还成为其他国家学习的榜样。谢谢你们!向英雄的你们致敬!

征文展示Ⅲ

致敬·英雄

内江十小六年一班　蓝喜

每当我们有危难的时候,总会有一批勇于挺身而出的英雄们,为我们而努力奋斗着,让我们知道什么叫无私、无畏、奉献。我不知道你们是谁,我却知道你们为了谁。你们舍小家,顾大家,是人民的榜样,是人民的英雄。

2020年,新型冠状病毒在全国肆虐,一个个平凡的人成为大家的英雄。

医生、护士,不怕牺牲,递上了自己的"请战书"。他们穿着厚重的防护服,夜以继日地工作,汗流浃背。他们与病毒较量,与时间赛跑,挽救了一个又一个生命。他们穿着纸尿裤,六七个小时不吃喝;被口罩勒得奇痒难忍;工作后站着都能睡着;有的甚至献出了生命……他们是白衣天使,也是白衣战士!

建筑工人们默默无闻地奉献着。火神山医院经过建筑工人的努力从方案设计到建成交付仅用10天,雷神山医院也只用了12天就建成。这就是中国速度!我们用实际行动创造了一个奇迹。

志愿者们戴上了袖章,也在守护我们安好。严格筛查,挨家挨户登记宣传,为居家隔离的百姓送菜送饭……他们也是平凡人,但他们有一颗不平凡的心。

一方有难,八方支援。相信大家看到过这样的新闻:一些人把一沓钱或一些口罩放到公安局,没有说话,没有留下姓名,转身就走。这是多么令人感动!

哪有什么岁月静好,不过是有人在为你负重奔跑。他们是医生,是工人,是志愿者,是警察……但他们也是儿子,是女儿,是父亲,是母亲……他们无私无畏，不怕牺牲，向他们致敬！

希望如约而至的不只是春天和胜利，还有疫情过后安然无恙的你。等春来，我们好好拥抱。

征文展示Ⅳ

春天的希望

内江十小六年四班　曾思豪

2020年年初，来势汹汹的新冠病毒，让这个春天戴上了沉重的口罩，人们的生命安全受到了巨大威胁。在这危急关头，广大医护人员成为"最美逆行者"，英勇地与新冠病毒面对面展开搏斗。他们不惜以生命为代价，为大家赢得了春暖花开，播种了春天的希望。

沧海横流，方显英雄本色。武汉市中心医院医生李文亮，面对可怕的新冠疫魔没有一丝畏惧，一如既往地接诊病人，直至在抗击新冠疫情工作中不幸感染，经全力抢救无效，献出了宝贵的生命。李文亮，他有舍己为人的医者仁心，也有无私无畏的医者赤胆，是真正的英雄，赢得了应有的尊重。

英雄不问出处，有为不在年少。宋英杰，一位"90后"的药剂师，在抗击新冠疫情工作中，他常挂在嘴边的一句话是："我年轻，我扛得住，这些事让我来！"他连续十天九夜"战斗"在防控一线，并且每天都超负荷运转。就是这样的一位正值青春年华的小伙子，于2月3日零点因过度疲劳引发心源性猝死，因公殉职。宋英杰，虽然永远地离我们而去了，但他为年轻的一代留下了一笔珍贵的青春"遗产"，那就是阳光、责任和担当。

在抗击新冠肺炎疫情中，像李文亮、宋英杰这样的英烈还有很多很多，他们的事迹不尽相同，但精神内核是完全一致的，传递着催人奋进的力量。

作家郁达夫说："一个没有英雄的民族是不幸的，一个有英雄却不知敬重爱惜的民族是不可救药的。"在这来之不易的春暖花开时，礼赞英烈事迹是最激荡的乐章，传承英烈精神是最美好的希望。

四、经典诵读活动

中华民族拥有几千年的灿烂文化,这些文化源远流长,博大而精深,是我们应该生生不息传播的瑰宝。学校历来重视传统文化教育,开展经典诵读活动,弘扬祖国优秀传统文化,加强优秀文化熏陶,提高学生文化和道德素质,让孩子们从小就开始广读博览,日积月累,形成优良道德思想,促进学生可持续发展。

(一)在"吟诵"中浸润

1. 开展班级阅读,推开经典大门

中华经典宝库内容丰富,形式多样,除了经典的诗歌、国学,还有许许多多的经典文化。学校每个年级每周安排两节课到学校图书馆开展班级经典阅读,让孩子们在班级中、在老师的引领下进行经典故事的阅读,推开阅读的大门。

(二)在展示中升华

诵读经典在十小蔚然成风,除了每学期一次的经典诵读班级展示外,学校也积极参加内江市经典诵读会,学校雅诵社的同学们演绎的《江南·池上》诗歌诵读,博得了在场所有观众的热烈掌声。张婷老师编排的经典诵读节目《春分日》入选四川电视台《2018年中华经典诵读会》。这样的展示,完美传播了我们的经典文化,也让孩子们在这样高级别的舞台上精彩亮相,更让我们的经典诵读活动内涵升华。

五、川剧进校园活动

为了贯彻落实"戏曲进校园"的相关文件精神,进一步弘扬中华优秀传统文化,推动戏曲文化在学校的传承发展,学校开展了系列活动。

(一)川剧传习展演活动

学校积极参加四川省举办的第三届中小学川剧传习普及展演,《春夜喜雨》是内江市唯一赴省参演节目,小学生赴省参加川剧传习普及展演在内江亦属全市首次，并获省级二等奖。演出现场，来自成都、绵阳、遂宁、内江等13个城市的600余名中小学生集中演出23个川剧节目，《春夜喜雨》为第八个节目。19名"00后"的娃娃在举手投足间，一板一眼都透出了稚嫩的川剧范儿，打动了现场观众。节目受到总导演郑德胜的高度赞赏，他说："本次展演一改前两届以演为主的模式，一些中小学演员经过专业老师的指导、培训，在舞台上大胆开口，其中《春夜喜雨》《红灯记》尤为出色。"

为抓好此项活动，内江十小开展了川剧兴趣班，聘请了专门的戏曲老师，利用孩子们的课余时间，指导学习川剧。在教学中，教师改变教与学的单调做法，运用专用教室、现代教育技术，把戏曲搬进课堂，把器乐引进课堂，将中华优秀传统文化全方位融入国民教育中，普及了戏曲艺术的理念、智慧、气度和神韵，传承了四川乡土文脉，推进了川剧艺术进校园，使学生乐学、爱学、会学，有力促进了川剧传习普及，促进了艺术教育的提档升级。

（二）戏曲进校园巡演活动

为进一步弘扬中华优秀传统文化，推动戏曲文化在学校的传承发展，12月18日，内江市"2018年戏曲进校园巡演活动"走进了内江十小，给广大师生带来了一场视听盛宴。

此次"戏曲进校园"巡演活动，内江川剧团带来了精彩绝伦的节目。其中，《月亮光光》这一节目引起了全体师生的共鸣，大家都情不自禁跟着表演者一起哼唱，最后的《变脸》表演更是将演出推向高潮，赢得了师生们的阵阵掌声，师生们都沉浸在戏曲的世界里。在热烈的氛围中此次巡演落下帷幕，师生们纷纷表示期待下一次的演出，想再次近距离感受戏曲文化。

本次活动让师生深深感受到了戏曲文化的魅力，进一步增强了学校的美育教育，对传承中华传统戏曲文化起到了重大推动作用。

六、升旗仪式活动

升旗仪式上，六五中队的队员们个个手拿亲手制作的各式京剧脸谱，热情洋溢地走上升旗台，为全校师生带来了《说唱脸谱》这一首京剧与流行音乐相结合的戏歌。

当领唱者李××、李××、罗×××、刘××一出场就霸气十足，一开口字正腔圆，惊艳全场，赢得掌声不断。他们个个表演得引人入胜，唱腔优美。尤其是队员们脸上的脸谱更是美丽而丰富，看得人眼花缭乱。他们时而遮头掩面，时而载歌载舞，把全场师生带入了一个充满神奇的京剧世界，让人领略到了中国京剧艺术的魅力，不禁拍手叫绝！

此次活动，将中华传统文化引入校园，不仅能够让少年儿童潜移默化地感受中华民族悠久、独具魅力的文化，逐步形成良好的个性心理和积极的情感态度，更有助于陶冶少年儿童的道德情操，不断提升对祖国和民族的认同感、自豪感，增强文化自信，延续中华文化脉络。

七、硬笔书法比赛

为了深入学习，弘扬中国传统文化，丰富校园文化生活，激发学生对祖国灿烂文化和语言文字的热爱之情，学校每年都会组织一、二年级学生参加"书写规范字 弘扬传统文化"硬笔书法比赛。书写内容为选定古诗文，要求页面整洁，书写规范，具有中国书法美的特点。比赛中，同学们满怀激情，用心书写每一笔、每一字，作品中透露出或规范或严谨或灵动的气质。把书法的魅力和古诗文的精彩结合起来，让学生在端正书写的基础上感悟古诗文韵味。不仅让学生体会到中华文化的独特魅力，更是营造了诗意的成长环境，使书香与墨香飘满校园。

八、"读经典·品国学"主题征文活动

为深入学习贯彻习近平总书记关于"深入挖掘中华优秀传统文化蕴含的思想观念、人文精神、道德规范，结合时代要求继承创新，让中华文化展现出永久魅力和时代风采"的要求，传承发展中华优秀传统文化，坚定文化自信，培育和践行社会主义核心价值观，学校积极组织学生参加区委宣传部、区文明办、区教体局联合开展的"读经典·品国学"主题征文活动。

学校将征文活动作为深入学习习近平新时代中国特色社会主义思想和党的十九大精神、培育和践行社会主义核心价值观的有效载体。精心安排，广泛宣传，加强稿件组织工作，广泛发动全校师生积极参与征文活动。

九、开展"星星火炬耀十小 红领巾故事传真情"讲故事比赛

为了深入学习贯彻习近平总书记对少年儿童提出的希望和要求，深化中国梦和红色革命传统教育，大力弘扬优秀传统文化，引导广大少先队员传承红色基因，学校开展了"星星火炬耀十小红领巾故事传真情"讲故事比赛。三年级400余名少先队员、辅导员参加了此次活动。

讲故事比赛中，16名队员们个个精神饱满、热情洋溢，时而慷慨激昂、鼓舞斗志，时而深情款款、感人肺腑，让在场的每一位队员都被革命战士英勇无畏的精神和沂蒙精神所动容，也深深打动了在场的每一位评委老师，赢得了阵阵掌声。

随后，学校关工委黄顺祥爷爷给孩子们讲述了他在代乃阻击战中的战斗故事。队员们在聆听中感受到了老爷爷年轻时的情怀和不屈不挠的精神。一个个感人肺腑的红领巾故事深深地激励着少先队员们，他们纷纷表示：要努力学习，以勤奋与刻苦为翅膀，为实现自己的小梦想，为祖国更加辉煌而时刻准备着。

学校少工委、少先队以丰富多彩的实践体验活动为载体，努力把红色资源利用好、把红色传统发扬好、把红色基因传承好。挖掘红色文化的伟大力量，赋予红色文化新的时代内涵，使红色基因渗进血液、浸入心扉，树立正确的世界观、人生观、价值观，培育队员爱家乡、爱祖国的自尊心和自豪感，从小立志为实现中华民族伟大复兴做好全面准备。

第五节　机器人教育实践品牌与案例

一、起飞

进入21世纪后，青少年机器人教育开始萌芽，为激发青少年在电子信息、自动控制等高新科技领域的学习、探索、研究兴趣，2001年中国科协创办了第一届中国青少年机器人竞赛。四川省科协为响应中国科协号召，于2005年在四川省举办了四川第一届青少年机器人实践活动。2006年，为鼓励全省中小学积极参加青少年机器人教育实践活动，四川省科协专门拨款向四川省各级学校赠送了一批普及性的教育机器人。学校有幸成为受赠学校，接收了20台普及型教育机器人，从此开始了机器人教育之旅。

艺术、科技、体育一直是内江十小的三大特色教育，但在2006年以前机器人教育对十小人来说却是一个非常陌生的领域。没有场地、没有师资、没有经验，面对重重困难，却激发十小人从不服输的精神。没有场地，学校就腾出条件最好的多功能室，立即采购了电脑，制作了比赛赛台，保障了学生的培训场地；没有师资，就立即着手培养，首先选定了信息技术组和科学组的3名老师作为种子教练进行培养，然后再联系厂家工程师对老师们进行培训。十小老师们都格外珍视这次培训，认真听课，不懂就问，在短时间内就基本掌握了机器人操作方法。没有经验，就自己摸索，从机器人的搭建、元器件的使用到编程，无数次对参赛机器人设计、调试、讨论、改进，再手把手教给学生。就这样，时间一点点过去，经过2个多月的艰苦训练，到参赛前，我们的机器人已经优化改进到最佳状态，学生操作熟练，并能做到随机应变。

2006年5月，我们带着11名学生组成3支参赛队参加了在成都七中举行的四川省第二届青少年机器人实践活动。比赛中我们见到了来自全省各地的参赛队，仅我们的参赛项目就有100多台机器人。在强手如林的赛场，凭借机器人优秀的设计，队员们的沉着冷静、出色发挥，一次次打败对手，不断进阶，最后一举夺得3个一等奖。学校同时被授予"四川省智能机器人活动实验学校"。

首次出征的成功，给予了我们巨大的信心和不断前进的动力，让我们知道只要努力就会有收获。我们不仅仅对取得的成绩感到欣慰，更渴望站到更高的舞台，向中国青少年机器人竞赛发起冲击。

二、展翅

四川省青少年机器人实践活动分为普及组项目和提高组项目，提高组夺得冠军的队伍有资格代表四川省参加中国青少年机器人竞赛。2007年，我校除了继续参加普及组的项目外，还组织参加了提高组的"基本技能"项目。这个项目难度比普及组项目大很多，主要目标是让机器人沿规定线路前进并完成各种任务。学生需要在规定时间内现场搭建机器人，完成现场编程和调试，时间一到现场完成任务。我们的机器人器材不尽如人意，并不太适合完成这样的复杂任务。为了完成比赛任务，教练们不断地学习软硬件知识，充实自己，殚精竭虑对机器人进行设计，创造性地解决了很多难题。比如在机械部分采用和汽车原理同理的差速器设计，来保障机器人转弯的平顺；方向控制上采用舵机转向，让机器人精确沿线路前进；机器人完成任务需要很高的精度，就采用编码器来控制机器人的行程，让机器人对自身的位置控制非常精确。

有了优秀的机器人设计方案打底，内江十小的学生在比赛中一鸣惊人。在四川省机器人实践活动中，此项目前 5 名均被内江十小参赛的小队员们包揽，内江十小也获得参加全国比赛资格。2007 年 7 月，中国科协在重庆举办第七届中国青少年机器人竞赛，我校参赛队员尹琦夫、史玉柱代表四川队参加基本技能小学组比赛，以优异成绩获得全国冠军。这是内江十小在机器人竞赛项目上获得的第一个全国奖项，谁也没想到一个当时在机器人教育领域内名不见经传的学校，第一次站在全国舞台上就会飞得如此之高。从此，内江十小在机器人竞赛上一飞冲天，连续拿下傲人的成绩。

2008 年，第八届中国青少年机器人竞赛，长沙，机器人足球小学组，参赛队员余俊江、袁可求，一等奖（冠军）。

2009 年，第九届中国青少年机器人竞赛，西宁，机器人足球小学组，参赛队员刘镒、李卓凡，一等奖（季军）。机器人基本技能小学组，参赛队员张逊、魏已人，二等奖。

2010年，第十届中国青少年机器人竞赛，北京，机器人足球小学组，参赛队员陈可屿、张家豪，二等奖。

2011年，第十一届中国青少年机器人竞赛，郑州，机器人足球小学组，参赛队员向攀扬、邹奇伶，一等奖（亚军）。

2012年，第十二届中国青少年机器人竞赛，天津，综合技能小学组，参赛队员王睿涵、冷秋潼，一等奖（冠军）。

2013年，第十三届中国青少年机器人竞赛，长春，综合技能小学组，参赛队员刘洺铭、张宇千，一等奖。

2014年，第十四届中国青少年机器人竞赛，乌鲁木齐，综合技能小学组，参赛队员刘谨瑜、艾愉翔，一等奖。

2015年，省第十四届青少年机器人竞赛，学校包揽了机器人综合技能项目冠亚季军。第十五届中国青少年机器人竞赛，鄂尔多斯，综合技能小学组，参赛队员段朝誉、陈科翰，二等奖。

2017年，第十七届中国青少年机器人竞赛，中山，综合技能小学组，参赛队员兰一皓、滕芯益，一等奖。

2018年，第十八届中国青少年机器人竞赛，贵阳，综合技能小学组，参赛队员李灵炜、张馨予，一等奖。

2019年，省第十八届青少年机器人竞赛，学校又一次包揽了机器人综合技能项目冠亚季军。第十九届中国青少年机器人竞赛，重庆，综合技能小学组，参赛队员陈秋予、吴江昊，一等奖（亚军）。

14年来，我校参赛队员获得全国金牌10枚、银牌3枚、铜牌1枚。每一枚奖牌都是队员们在一场场紧张激烈的比赛中勇于创新，勤于拼搏的成果，从省赛一路拼杀获得国赛资格，面对来自全国各省优秀选手，敢于展现自己的风采，敢于胜利，一路高歌猛进，才取得一枚枚沉甸甸的奖牌。

三、成熟

内江十小机器人教育起点是机器人竞赛，以点带面逐步实现机器人教育的普及。学校在组织管理、教学课程、师资培养、后勤保障方面予以完善，使之适应不断发展的机器人教育需要。

组织管理方面，学校在制定学校年度工作计划时就把机器人教育和竞赛活动包含其中，还制定了机器人教育和竞赛工作专项计划。专门成立有以校长为组长，分管副校长和科技、信息技术教师组成的机器人比赛领导小组，统一认识，统一指挥，并经学校办公会研究形成了一系列比赛有关的决议，使比赛筹备工作有章可循。多次召开学生大会、教师大会、家长大会，通过社会舆论积极营造比赛氛围，定期召集科技辅导员研究准备方案、步骤，极大地提高了师生的创新意识。全校师生形成合力，为更好开展机器人教育工作打下了坚实的基础。

在机器人教学课程方面，学校依托信息技术学科课程，设置了机器人教育相关内容，让机器人教育进入信息技术课课堂，对全体学生开展了普及性教育，让每个孩子都能接受到机器人教育。结合课题"在信息技术课程中引入机器人平台开展创新教育及专题应用研究"，学校还组织信息技术组教师编写了学校的校本课程，为学校的机器人教育的顺利开展打造了基础平台。2020年，学校刘东宇老师参与了四川省教科院组织的新版小学信息技术教材编写工作，负责编写机器人教育有关章节，为机器人教育的普及与推广作出了贡献。

学校还创设了以机器人教育为主题的社团"内江十小博创社"，从学生中招募对机器人感兴趣的社团成员。社团成员利用社团活动时间参加丰富多彩的机器人教育活动，进行机器人知识的普及性教育，目前"博创社"已经成为孩子们最喜欢的社团。在参赛比赛时，再从中选择优秀学生组成专业比赛队伍，进行专项培训，组队参赛。机器人是一门综合性很强的学科，包含有机械设计、电子设计、软件工程、材料科学以及仿生学等一系列基础学科。在这里，孩子们进入到一个奇妙的科学世界，在这里探究未来，放飞梦想，茁壮成长。

在师资方面，学校机器人教育配备教练5人，其中邓勇老师是全国十佳优秀教练员，刘东宇老师是全国优秀教练员，他们有丰富的教学和竞赛经验，都取得了全国青少年科技辅导员水平认证"中级科技辅导员"认证、"四川省青少年机器人教练员资格证"，雷毅老师取得"四川省省级裁判员"资格。邓勇老师还连续作为四川省代表队总教练组织集训、带领四川队参加全国大赛。在集训中，他不仅负责学校参赛队的训练工作，还积极指导四川队其他队员，把自己的经验分享给其他教练，为四川队取得好成绩作出了贡献。

后 记

这是一部关于内江十小办学理想和办学理念的书，是在内江十小数十年办学经验总结的基础上，根据习近平新时代中国特色社会主义建设和发展的总要求，从教育规律出发，对内江十小办学理想和办学理念的梳理和阐发。可以说，这是一本非常厚重的著作。

本书的撰写者都有着丰富的中小学教育经验。撰写工作分工如下：李雪（内江师范学院、华南师范大学）负责全书体系建构及统稿，撰写第一章和第二章第一、二节；陈光元（内江市第十小学校）负责第二章第三、四节撰写；何宇（内江市第十小学校）负责第三章撰写；税晓燕（内江师范学院）负责全书校对工作；张婷（内江市第十小学校）、刘东宇（内江市第十小学校）负责第四章撰写。

由于著作团队水平有限，对已有的经验总结得还不够深刻，对经验提炼的水平还不够高，望方家批评指正！

李 雪

2021 年春于羊城